信息传播大变局2

新媒体与数字娱乐传播

王 松 唐莉芳 施 妍 著

Communication's Transforming 2

上海交通大学出版社
SHANGHAI JIAO TONG UNIVERSITY PRESS

内容提要

数字娱乐传播被称为"流行文化的流行方式",本书探索了数字娱乐传播变化与新的商业模式及其机遇与挑战、技术在数字内容生产和发布中的应用和影响以及艺术和数字娱乐的融合发展与变革,是读者了解数字娱乐和流行文化的重要入口。

图书在版编目(CIP)数据

信息传播大变局. 2,新媒体与数字娱乐传播 / 王松等著. —上海: 上海交通大学出版社, 2016
ISBN 978-7-313-14093-7

Ⅰ. ①信… Ⅱ. ①王… Ⅲ. ①传播媒介-研究 Ⅳ. ①G206.2

中国版本图书馆 CIP 数据核字(2015)第 271639 号

信息传播大变局 2
——新媒体与数字娱乐传播

著　　者: 王　松　唐莉芳　施　妍 等
出版发行: 上海交通大学出版社　　地　　址: 上海市番禺路 951 号
邮政编码: 200030　　电　　话: 021-64071208
出 版 人: 韩建民
印　　制: 上海景条印刷有限公司　　经　　销: 全国新华书店
开　　本: 787 mm×960 mm　1/16　　印　　张: 16
字　　数: 163 千字
版　　次: 2015 年 12 月第 1 版　　印　　次: 2015 年 12 月第 1 次印刷
书　　号: ISBN 978-7-313-14093-7/G
定　　价: 40.00 元

前言 | FOREWORD

在过去40年,信息科技与“互联网+”的持续创新颠覆了人类基本的生存和交流方式。这些变化是巨大、深刻和多样化的。而在过去 15 年,新媒体和互联网革命对人类社会最深刻的影响之一是人类艺术和娱乐活动的数字化及其与互联网、新媒体的深度融合。数字化娱乐产品与传播方式层出不穷,这些数字化信息逐步挤占了人们的生存空间与时间,并且潜移默化地影响了人们的思维方式、审美习惯以及价值观念。然而,目前对新媒体环境下的数字化娱乐传播的内涵与外延、内容特征、分类、传播方式与效果、产业化发展以及数字娱乐与艺术、审美等之间的相互影响关系等等的研究都是十分不足的。仅有不多的学者对数字化娱乐传播过程进行了研究,更没有对数字化娱乐传播的内容生成、产品化、产业化、商业模式和社会影响等进行系统研究。

信息技术革命和互联网创新对社会的影响仍在持续。美国南加州大学连续 10 年监测网络上的活动,探索通信革命的各种趋势。研究结果表明,互联网用户花在网络上的时间持续上升,在 2013 年每周平均为 15.3 小时。用户在互联

目 录 CONTENTS

第1章
新媒体时代的数字娱乐

1.1 数字娱乐传播的起源与内涵

人类作为一种有意识的社会性的物种存在，需要和他人进行一定的物质和能量的交换，同时也需要和他人进行思想和情感方面的交流和沟通。可以说，传播是人类社会中所普遍存在的一种现象，它是指人类通过各种手段进行的信息交换、交流的行为和过程。根据传播信息或传播主题，传播可以划分为新闻传播、广告传播、科教传播、政治传播和娱乐传播等。值得注意的是，这些分类并不是独立存在的，而是相互之间存在着交叉或包容的关系。比如，娱乐传播可以通过个体与个体之间进行相互传播，也可以通过媒体向公众传播。

当今社会流行一个词称做“新常态”。经济增长率下降是“新常态”，“抓苍蝇打老虎”也是“新常态”。随着信息技术和移动互联网的深入发展与创新，网络化生存方式已成为普通人生活的新常态。普通人在工作学习之外将更多的时间放在了休闲娱乐活动中，娱乐作为一种艺术化的生活形态是人们生活中不可或缺的重要部分。随着信息技术和互联网的快速发展，不仅是沟通和交流，人类生活的方方面面与互联网新媒体的融合日益加深，其中发生了深刻变化的一个方面就是人们的娱乐方式。在新媒体和移动互联生存环境下，数字化娱乐产品与传播越来越成为人们的主流娱乐、休闲和社会交往方式，数字娱乐产业逐步形成并对经济产生重要影响。同时数字娱乐产品内容传播对主流意识形态建构和价值观变化不可避免地带来了重大影响。

信息和通信技术的革命改变了娱乐活动的内容和方式。娱乐信息的数字化以及传播平台的大众化使得数字内容的生产和再生产、消费和再消费成为可能。在一个模拟的世界里，以数字格式呈现的声音和视觉效果，例如 3D 图像，大大地推广了数字化娱乐产品在全世界的传播。2009 年拍摄的美国电影《阿凡达》在全球获得了 20 亿美元以上的票房，创造了票房奇迹。3D 技术虽然本身不是新的，但是在创造数字娱乐产品方面却显示了巨大的潜力。丰富的戏剧表演、电影观众的接受度和商业的经验，以及计算机生成图像(CGI)创建了具有增强效果的视觉冲击力，这一切是成功的关键，也为今后数字娱乐产品指明了方向。

同时，数字内容的一个鲜明特点是它的互动能力。用户的生成、增加以及持续使用产品的一个重要原因来源于数字技术的可用性。在一个虚拟的空间中，用户和玩家的生成和内容分享，使用即时通信工具进行交流，而且不同于传统模拟技术的"一对多"，这里是"多对多"的互动。具体来说，在娱乐行业，互动娱乐成为最重要的一种娱乐方式。2010 年，美国电脑和视频游戏软件销售增长至创纪录的 150 亿美元，并且在过去 10 年急剧增加。同时，研究报告揭示了互动娱乐产品未来发展的潜力和对象，在它调查的人群中有 75%玩电脑或视频游戏，游戏玩家的平均年龄是 30

岁，43％的玩家是女性，47％的美国人已购买或计划购买一个或多个游戏软件，53％的游戏玩家会玩同样多或更多的游戏。而生产商所要做的就是增强内容的娱乐价值，建立利润导向的媒体和娱乐公司，选择使用不同的数字技术创造不同的产品来满足用户需要。

另外一个例子是视频共享网站——YouTube。2006年被Google收购后，通过粉丝互动聚集了大量的用户。这些用户之间的联系基于特定的内容分享。在YouTube的发展过程中既显现了全球用户之间的差距，又逐渐地使来自不同文化的个体间的创意互动变得越来越有效。在一个不断变化的混合环境中，有许多不同的玩家参与聚集，在这个过程中，数字内容由用户生成，并被更多的用户所分享，然后进一步模仿和创造出更多的数字视频内容。目前YouTube是全球最大的数字视频生成、互动和共享网站，吸引了全球数亿用户的参与。具体来说，这一现象的出现和展开，被认为是流行的世界主义的兴起，有关研究将其定义为“流行文化的流动方式”。

然而，关于娱乐传播数字化以及数字化娱乐产业的研究和分析十分不足。特别是基于数字娱乐传播深刻地改变了人们特别是青年的艺术观、消费观、休闲观、时间观、价值观乃至于世界观这样一种状态下，十分有必要对数字娱乐传播规律以及产业发展现状有基本了解，对数字娱乐传播对文化、艺术、娱乐、消费、休闲等方面的影响进行分析，并且对其未来的发展趋势和影响层面进行基本的判断，从而提出对应的管理和引导策略以及政策和法律的建议。这对于促进数字化娱乐和新媒体产业健康和积极发展有十分重要的作用。

现今，研究娱乐传播的国内学者对此也并没有统一明确的定义，可谓是各有千秋。比如,学者谭平瑛认为:娱乐传播是一种承载着娱乐性信息或娱乐审美文化所集中体现出来的一种大众传播类型。而在学者邵培仁看来,娱乐传播是一种通过传播文学艺术信息,让人在接受中得到一定的消遣、感化和娱乐的传播类型。现在的数字娱乐传播已经不再局限于文学艺术信息,更多地使用图片、影视和声音等符号进行表达。数字娱乐传播所包含的传播类型十分广泛,并且外延还在不断扩张。然而,无论存在多少不确定性,从技术角度界定数字娱乐传播是没有问题的。结合李思屈、巫景飞等学者的观点,所谓数字娱乐传播是指基于数字技术、互联网技术和移动通信技术对各类创意素材进行研发、加工、传输以及播放展示的信息传播活动,为人们提供精神上的消遣和愉悦。网络游戏、数字摄影、电子图书、彩信、3D动画、数字音乐等以各自的形态出现在数字娱乐领域;林宾华(2007)认为数字娱乐是以网络游戏、网络文学、数字短片、数字音乐、数字电视电影、动漫和数字出版物等为主体内容;贺艳(2010)认为,数字娱乐具体包括动漫作品、网络游戏、数字音乐等。

数字娱乐传播对人们生活方式的影响是深刻和颠覆性的,在青少年当中体现得尤为明显。首先,传统的娱乐方式受到很大冲击。过去的面对面的群体娱乐方式,比如青少年的集体游艺等被替代,线上娱乐大大多过线下娱乐。数字阅读、数字游戏和在线社交娱乐成为主流娱乐方式:数字阅读是指人们通过互联网传播和接收图书、报刊、音频、视频、电影、综艺节目等;数字游戏是指人们通过互联网游戏获得娱乐,包括游戏和动漫传播等;而在线社交娱乐是指人们通过互联网进行人际互动和社会交往活动,并从中获得娱乐体验。其次,娱乐数字化使得娱乐方式更加多样化和多元化。人们可以接触到更多的娱乐信息,并且在娱乐过程中与更多的人进行互动。娱乐数字化也更加便捷,可以让人们在任何时间和地点参与到不同的数字娱乐传播当中。

在数字娱乐传播的基础上,数字娱乐产业在我国十分发达。从狭义角度看,它指的是游戏以及动漫等艺术技术为支撑发展条件的文化创意产业类别;从广义的角度看,它是指建立在数字技术基础上为人们"制造并提供快乐"产业的总和。数字娱乐产业并不是孤立存在,它与传统行业有着千丝万缕的关系,网络技术、数字化技术以及信息技术等均为这项产业的扩大发展和传播提供了变革所需的重要技术支撑,所以从某种程度而言,当今数字娱乐产业的发展水平逐渐成为整个社会经济实力以及信息文化实力发展程度的一大标识。

1.2 数字娱乐产业

数字娱乐产业与传统工业的根本区别为:产品的传播途径并不依赖物理渠道,而营销对象面向全国甚至全世界。因此产业发展并不受到原材料、物流运输、规模空间等因素的限制,同样的原因也造成产业更新淘汰速度加快、产业链形态多变。

1.2.1 数字娱乐产业的形成

首先,数字技术影响的不只是娱乐的内容,而且影响其内容的发布和传播。最近出现了各种不同的适应数字格式本身的新的生产和分销平台和渠道,这在 10 年前是不可想象的。大量的数字内容通过互联网实现访问和检索。用户生活在不同的环境：工作、家庭、数字和移动。在数字连接的世界,人们可以利用它连接生活的许多方面,包括娱乐,从而形成了数字技术、内容生成、传播、获取、消费等产业链必不可少的部分,可以称之为数字娱乐产业。

具体地说,在这个数字娱乐产业中包含了大量的数字数据,如音乐、视频、高清晰度的电影。数字娱乐改变了现有的产业动态发展的状态和方向。数字内容已成为 21 世纪娱乐产业发展的关键战略要素,也是获取全球文化竞争优势必不可少的关键点。

1.2.2 数字娱乐产业的发展

数字技术革命已经开始影响娱乐内容的交付和接收。原来的设备、场地等需求大大下降,打印成本也基本消除。在数字娱乐产业的迅猛发展中,虽然还不确定在转型中谁能获利、谁承担费用,但与传统娱乐产业相比,在以下几个方面已经发生了巨大的变化。

1. 新的商业模式

媒体和娱乐集团面临的核心问题是如何创造、传递数字娱乐内容,并在不断变化的渠道和平台上获取价值和利润。通过信息技术革命,在过去的几十年成功应用的商业模式需要颠覆式的创新。这些创新涉及竞争的战略决策、不断变化的产业价值链，公司的定位、表明不同来源的业务结构、收入和相关的成本以及利润导向和获利模式等具体问题。

首先，数字技术大大提高了内容副本的复制质量。另外，数字内容潜在的高传播速度及内容生成分布广泛。数字拷贝可以再现原始的内容而没有任何潜在的质量损失，数字技术将其转换成比特形式的信息，可循环往复地拷贝。这种高清晰度的数字扩散对产业的改变是明显的，数字内容是昂贵的产品，廉价的复制是指当生产成本计入以后可以大量繁殖，与它相关的成本可以忽略不计。因此，商业模式、流通方式和行业规范要随着内容保护和知识产权进行变革。

其次，互联网的移动性促进了移动娱乐的传播和分布。数字内容从大众市场到数以百万计的利基市场进行传播。因此，新技术要求通过数字的精确传输在经济上可行，使不同数字内容准确地到达每一个对其感兴趣的个人客户。过去那种把媒体当做将产品和消费者一刀切的容器的模式已经过时，并失去了竞争力。新的举措试图跟踪和捕获更多的精明的、活跃的观众，数字内容生产商和媒体据此进行娱乐决策控制，例如通过增加数字点播（DVR）和回放装置允许用户选择自己的内容。

同时，基于广告的商业模式已经广泛应用了几十年。各种不同的媒体，不仅是“老的”或传统的媒体，它们的业务模式是基于让客户免费获取娱乐产品的版权，而单纯依靠广告的收入。即使是目前 Google 这种最赚钱的“新媒体”公司，其市场标准几乎完全是基于广告的销售和信息搜索。观众因而有机会获得免费的内容，而这些观众浏览了广告内容，并且其信息由媒体提供给广告商，广告商通过信息交流向媒体提供可观的收入。

2. 定制化服务和广告

在互联网新媒体环境下，数字内容产业要素包括价值主张、界面体验、服务平台，组织模型和收益/成本分担。该模型涉及数字内容企业战略的不同方面：确定对目标客户群的内容价值和营销；具体的网络组件和提供界面的经验；确定适当的服务平台和组织结构；确定产品交付的过程和关系；财务和确认收入/成本模型计算。这表明在数字娱乐产业中获取竞争优势，需要一个精心策划的布局。从对目标用户的精准定位，到允许这些用户通过特有网络通道获取服务和产品，通常不同价格的展示窗口，允许内容所有者获取最大和最多元化的收入。这样的数字通道使得获利模式多元化成为可能。这种机制能够延长数字内容的保质期和分布的效率，最终提高行业的盈利能力。根据 Blume 的分析报告，根据现有的产业规模和内容分销，基于网络平台的互动性和个性化，需要增加授权和非授权使用娱乐内容的消费便利，这种消费便利通过它的网络数字性质和数字分销渠道予以实现。娱乐产品越来越多地由生产者直接发布给受众。因此，数字内容分配的“窗口”往往是缩短平行分布的过程或经过不同的数字平台，以授权和非授权的方式，不同的娱乐内容获取价值的方式多样化。

在探索中，我们发现无论是新的或旧的媒体公司，广告似乎仍然是一个关键收入来源。但是在新的数字环境中，广告的样式发生了变化。与“一对多”的旧媒体相比较，新的媒体允许更精确的“一对一”的互动交流。它代表着通过私人联系的更精确的产品和服务营销策略，无论是营利性与非营利性的，要么获得更好的广告效果，要么和他们的支持者有更紧密的联系。总之都为媒体公司的收入来源做出潜在的贡献。比如 Google 的收入 64%来自其网站，而 35%通过其 AdSense 计划。另外的一些公司在面对具体的商业模式挑战时，展现了极具创新性的媒体景观。以 TiVo 为例，受众根据他们的选择访问他们喜欢的娱乐内容，数字技术让受众获得新的娱乐体验。其中与客户的沟通是至关重要的，客户产生不同的想法需要及时沟通。

一般来说，媒体和娱乐企业的其他收入来源主要来自消费者的订阅费用。用户愿意并能够从不同的平台上获取娱乐内容并直接支付。无论是点播或通过订阅费套餐，通常没有广告的干扰。一般情况下，混合业务模型比如结合订阅费的广告收入同时存在。有线电视或卫星电视频道受益于这种双重收入流。在这个不断变化的媒介创新中，数字娱乐行业的不同分支需要预见未来的收入流以及不同收入来源之间的相关性。IBM 商业研究院的调查表明，按需订阅和娱乐内容的租赁，被视为最重要的收入来源，而广告仍将扮演重要作用。未来有许多可能的运行和商业模式，实现这些不同的商业模式的差异，取决于消费者使用的数字装置。从传统电视到 PC 或移动设备如 iPod 或 iPad，对不同方式的媒体和娱乐公司，需要据此来捕捉需求和分享收入。

美国在线视频提供商 Netflix 的节目可以在超过 1 000 种设备上播放，电脑、手机、平板电脑、电视盒或者是智能电视等都是 Netflix 覆盖的终端。Netflix 在视频市场保持着自己的专注，即主要满足用户在线观看电影、电视剧、纪录片等高质量视频内容的需求。收入来源依靠用户的月付费，既不做广告，也不做单个视频节目的付费下载收看。推荐引擎是Netflix公司的一个关键服务，1千多万顾客都能在个性化网页上对影片做出1～5的评级。Netflix将这些评级放在一个巨大的数据集里，该数据集容量超过了30亿条。Netflix使用推荐算法和软件来标识具有相似品味的观众对影片可能做出的评级。两年来，Netflix已经使用参赛选手的方法提高了影片推荐的效率，这已经得到了很多影片评论家和用户的好评。未来数字音视频市场将会持续增长。网速越来越快，在线看视频时的播放速度和质量都会更加可靠；智能电视销量增长，每个电视都可以连接WiFi，并且装有视频应用；平板电脑和智能手机上的视频观看量在增长；视频流媒体的高清画质需求会让高质量视频内容消费扩大；视频广告具备越来越个性化和定制性的特点，创造新的营收模式。

1.2.3 数字娱乐产业的趋势

数字娱乐产业的发展依靠文化与科技的融合，文化本身可以提升科技的人文设计理念，科技发展可以促进文化内容的表现与解构。如百度公司在广告发布形式与方法上已经突破传统的方式，用科技的方式来拓展广告的传播方法、计价方式和传播途径。一般来说文化赋予技术很高的经济价值。如果是“文化＋科技”的模式，在同等的盈利水平下，公司的市值要比一般的公司有更好的市场表现。“文化＋科技”的模式代表着一个数字文化产业的发展方向。中国移动的收入有一部分来自数字化内容，包括数字音乐和数字视频等。以数字技术为核心把科技和文化融合起来，可以组建平台公司，而提供平台服务的企业将会有很大的发展潜力。数字化的文化产业和信息产业高度融合将会对文化产业的发展带来非常深远的影响。

数字娱乐产业的发展归根结底依靠数字内容生成。在信息产业和媒体产业发展过程中，内容驱动产业发展。在过去 20 年，原来作为科研使用的互联网拓展到全球信息高速公路，少不了层出不穷的媒介新形态，从新闻、社区、社交、视频、动画到微信、微博，数字内容的协同创新给互联网带来勃勃生机。在当今移动互联时代，内容生产的互动性、多样性和技术创新仍是数字娱乐产业和新媒体产业的基石。如三星公司在手机智能化方面取得了很大的成功，十年前它的市值和索尼公司难分伯仲，而现在它的市值是索尼的十倍。三星所做的数字化就是给用户提供一种文化娱乐内容的平台。数字娱乐产业要有以下特点：第一是内容文化驱动产业消费的增长。第二是内容本身的需求驱动技术设备和终端的创新和发展。第三是海量的内容需求会促进网络应用和移动技术升级。第四是内容消费、技术平台和文化软实力的政策扶持之间存在着相互支持的关系。目前中国数字娱乐产业面临一个比较大的问题就是数字娱乐产业发展的速度很快，但内容软实力却比较弱，这是目前遇到的最大挑战。

数字技术促进了娱乐便利化的趋势，人们要娱乐很方便。移动数字化的娱乐形态及其生活方式的构建会为产业发展提供了强大的支撑，不少企业在短时间内成为市值巨大的企业，甚至有时会出现一种爆发式增长的企业。然而，行业的新陈代谢速度很快，淘汰率较高，产业的不稳定性和参与风险大。然而，较低的进入门槛也提供了中小进入者非常多的机会。由于产业资源分布不均,不同地域产业集群的联动性不足导致各细分市场集中度较高,企业为寻求生存空间,努力向具有动态比较优势的区域集聚,准确的产业定位和高效的产业链整合能力是区域集聚的首要条件。以广州为例,从早期的百花齐放转变为现今以数字动漫主导的产业结构,与缺乏长远规划、产业平台不完善、产业链缩短、创新激励不足等问题分不开;反观杭州,以民营企业为主体,通过政府的有效组织,形成由若干中小企业组成的产业联盟网络,最大化激发产业活力,成为目前我国集聚速度最快的产业区位中心。

1.3 数字娱乐传播存在的问题

数字娱乐产业在产生发展的过程中,在产业发展、技术更新、法律监控等方面不可避免地出现了一些问题,不少学者在探讨问题的同时提出了自己的解决建议。比如伍利华(2005)认为中国数字娱乐产业还存在一些致命的弱点,其中三大因素制约数字娱乐发展:市场欠缺、创作思想僵化、尚未形成良性产业链,提出数字娱乐产业的发展,是多方面齐心协力的过程,急功近利、拔苗助长与漠不关心都会破坏中国数字娱乐产业的正常发展。李少卿(2011)认为,盗版技术已经让所有的视频提供商们感到既愤怒又无奈,单一路径的监管和改进已经不足以应对此病毒的疯狂蔓延,未来数字娱乐视听技术的发展更需要一个全面而立体的防盗版防火墙。周永红、徐俐平(2009)就 P2P 网络信息服务中信息网络传播、下载复制、超链接和编译等引发的知识产权问题进行了探讨，提出了规避知识产权风险的相关对策：完善版本法的修订、采取各种形式的技术保护措施、依托著作权集体管理制度、加强各层面的合作、构建 P2P 网络服务收费机制等。

数字娱乐产业现主要存在以下几个问题。

首先，产业发展的技术能力薄弱，技术创新路径不清晰。产品主要以模仿国外为主，研发投入不够，不同企业之间的创新联系较少，协同创新不足。产业集群化发展程度不足，区域聚集程度以及创新网络程度不高。企业规模较小，以中小企业为主，企业间相互竞争程度过于激烈，淘汰率高，不利于技术积累。

其次，数字娱乐产业中的产品类型多，相互之间的融合难度大。各种生产商之间相互之间缺乏沟通，共性技术平台无法建立。需要在文创产业大旗帜下，由政府和政策扶持对数字娱乐产业链进行整合，理清共享技术，完善行业研究。

同时，在数字娱乐传播中，要掌握其数字与新媒体传播特性，基于传播特征与受众特征进行内容创新。基本形成产品加工、研发、制作、运营和周边产品开发的产业链，逐步从加工国外产品转向自主原创研发。以新媒体推动全民的创新氛围，加速从创意到产品的转化。现代网络的平民化应用，使得民间的创意文化得以广泛传播，另一方面也激发了大众参与娱乐产品创作的欲望。互联网上出现的形态各异的社交和信息共享网站，成为人们自由交流信息和产品及创意的平台，从而促进了各种产品、创意、价值观等的融合及发展。以网络为基础的电子商务的运作，不仅仅是将产品卖出去，还提供了网上交易和管理等全过程的服务，具备广告宣传、资讯洽谈、网上订购、网上支付、电子账户、服务传递、意见征询、交易管理等各项功能，为数字娱乐产品提供了虚拟的全球性交易环境。不论是互联网、手机、电子商务还是数字娱乐产品，必须准确把握受众需求，设计出便捷快速的服务路径和功能，让纷繁的信息更有针对性地、个性化地、自主化地为受众所用。

第2章
数字娱乐传播技术

创造新技术、利用新技术，是人类的本性，也是社会进步的必然。在信息技术产业和计算机网络体技术的双重冲击下，新媒体技术开始慢慢起步。人类的每一次技术进步都会带来巨大变革，并推动着媒体产业的发展。从娱乐传播这个行业的整体发展情况，技术始终是推动其发展的物质基础。

自古至今，媒体的每次变化都是以技术的进步和创新为先导，如果没有印刷技术的出现，就没有书籍、报纸和杂志等纸质信息存储传输媒介；如果没有电子技术的发展，就没有无线电、广播和电视等电子媒体；没有计算机技术、现代通信技术以及计算机网络的普及，就更没有当前新媒体的产生、发展和兴起。对于娱乐传播行业，同样如此，虽然随着人类社会的发展，娱乐的形式和内容都发生了翻天覆地的变化，但人类对于娱乐信息传播的需求却并没有因此而减弱，反而伴随着新兴技术的诞生和兴起，从娱乐内容、形式、信息传输渠道到娱乐业的形态，都发生了巨大的变化。人类获取娱乐信息的技术手段，也从纸媒介为主的报纸、杂志等媒体，进化为广播、电视等电子媒体，进而发展到如今的数字化媒体时代。在这个娱乐行业的演化过程中，技术始终起着基础和决定性的作用。

2.1 数字娱乐传播技术概述

从技术的角度上，按照当前的发展水平，新媒体技术就是以计算机为工具，以现代数字通信为手段，以网络交换为传播形态，以此构成对信息内容进行采集、加工、处理、传输和显示的全过程，并应用于大众传播业的技术。按照美国学者约翰·帕夫利克(John Pavlik)的观点，新媒体技术主要包含采集和生产技术、处理技术、传输技术、存储技术和播放显示技术，涵盖了围绕着互联网和移动通信的输入、处理、输出全过程的各项技术。数字娱乐传播技术，作为新媒体技术中与大众日常生活最为贴近的部分，其传输内容以娱乐信息为主，传输面向受众面向社会所有人群，也是新媒体技术中用途范围最为宽广的技术。

在当前的发展中，新媒体技术以数字技术为核心，通过计算机技术和以网络技术为主的信息通信手段，将抽象的信息转换为易于感知、可管理和便于交互的信息，涉及诸多学科和研究领域的理论、知识、技术与成果，已经广泛应用于信息传播、影视创作、游戏娱乐、广告、出版、网络应用以及教育、商业、展示等领域，具有巨大的经济增值潜力和社会效益，是一种新兴、交叉和综合的技术。

如今，在传统媒体仍然占据重要地位的同时，以数字技术为特征的新媒体传播也在不断地迅猛发展和壮大。传统媒体与新媒体的本质区别并不是在于传播内容的变化，而在于传播形式、传播渠道和传播技术手段的更新，以及因为技术手段更新而引起的传播方法及传播方式的变化，进而影响到受众在接受媒体信息时、阅读习惯甚至接受心理上的转变，甚至相关行业在经营、运转以及生存形态的变化，而这些变化反过来促使媒体技术面向新的需求而不断前进和演化，但所有的这些转变，均建立在以数字技术作为支撑平台的基础上。这一点在数字娱乐传播时代表现得更为深入，有利于当今数字化终端设备的便携化和低成本化，以及无线通信网络的普及，手机和平板电脑等设备可以让广大的普通受众随时随地地接收到最新的娱乐信息，丰富了大众的文化生活，也推动和促进了游戏娱乐的兴隆和发展。

2.1.1　数字娱乐传播技术的构成

新媒体作为媒体的发展的一个阶段，具有相对性。目前，新媒体以数字技术为核心和基础构建，所以从技术的角度而言，新媒体在一定程度上等同于数字媒体。数字媒体技术融合了数字信息处理、计算机技术、数字通信与网络技术等诸多领域的技术，主要研究数字媒体信息的获取、处埋、存储、传播、管理和安全等内容。数字媒体技术的基础技术主要包括数字信息采集与处理技术、数字传输技术、数字信息存储技术和数字媒体信息检索与安全技术等，对于数字娱乐传播技术，所有的这些因素都在传播行业中得到了充分的应用，其范围如图 2.1 所示。

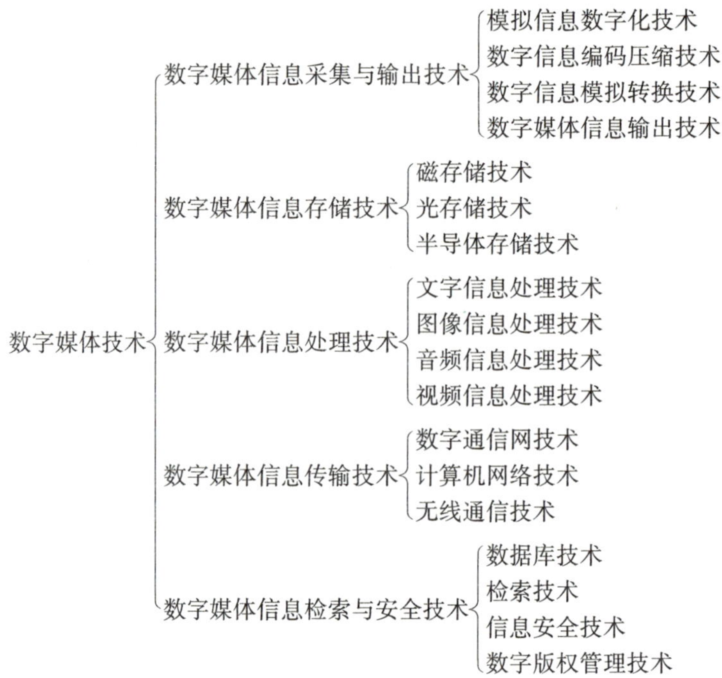

图 2.1　数字媒体技术的构成

2.1.2　数字娱乐传播技术的分类

作为数字媒体技术的一部分,数字娱乐传播技术的主要框架与数字媒体技术基本一致,其基础技术包括数字媒体信息从生成、处理到输出各个环节所涉及的多项技术,大体可以分为以下几类。

1. 信息采集与输出技术

信息采集技术将人类各个感觉器官从自然界中感受到的声音、图像甚至味觉和触觉等以连续形式存在的模拟信息,采用模拟/数字转换器转换为计算机可以识别和记录的数字形式的离散信息，是数字媒体信息处理、存储和输出等后续环节的基础。

信息输出技术为数字媒体内容提供丰富、人性化的交互界面，将计算机描述的抽象数字离散信息，采用数字/模拟转换器转化为可以被人类各个感觉器官易于感知的连续模拟信息，是数字媒体的最终目的和处理交互的重要手段，是与数字媒体信息获取完全相反的信息处理过程。

2. 信息存储技术

来自自然界中的媒体信息从连续模拟形态转换为离散数字形态后，在方便处理记录的同时也极大地增加了数据量，由于数字信息存储和读取的并发性和实时性，对存储系统的速度、性能以及数据存储的稳定和安全性提出了更高的要求，要综合考虑存储设备容量、速度以及存储策略等因素，在保证存储数字媒体信息稳定性的同时方便数字媒体信息的管理。目前广泛应用的主要存储技术有磁存储技术、光存储技术和半导体存储技术等。

3. 信息处理技术

信息处理技术可以将数字媒体信息的表现形式和表现内容，根据需要进行转换，主要包括媒体信息数字化技术、数字信息压缩编码技术以及数字媒体信息特征提取、分类与识别技术等。在各种数字媒体信息中，占据大多数数据量并最具代表性的文字、图像、音频以及视频信息的处理技术，是数字信息生成与处理技术的主要内容。

4. 信息传输技术

信息传输技术作为传输数字媒体信息的主要手段，体现了数字新媒体与传统媒体单一传输渠道相比迥然不同的多渠道传输特征。数字媒体信息传输技术有机融合了计算机网络技术和现代通信技术，将数字信息内容传输给终端，以为用户及受众提供无缝连接的服务。数字媒体信息传输技术主要包括数字通信网技术、计算机网络技术和无线通信技术。其中，IP 技术能把计算机网络、广播电视网和电话通信网融合为统一的宽带数字网，各种信息传递方式和网络在数字传播网络内合为一体，是数字媒体信息传输技术的研究热点和发展趋势。

5. 信息管理与安全技术

针对数字媒体信息数据类型繁多和数据量大的特点，结合数字媒体技术与计算机数据库技术、检索技术与信息安全技术而产生的数字媒体数据库，可以高效管理数字媒体信息。与传统的普通数据库相比，数字媒体信息数据库增加了以图文音像为主要类型的数字媒体信息的处理和管理功能，并采用了特征识别、基于内容或特征的检索等技术，极大地扩展了存储容量，以满足图文音像数字媒体信息的有序存储和有效管理。数字媒体安全技术建立在数字版权管理技术和数字信息保护技术基础上，起到安全传输数字媒体信息、知识产权保护和认证等作用，还为数字媒体信息的商业化流通提供了技术基础。

2.2　数字娱乐视听技术

自从将电影电子技术引入娱乐业，首先是模拟电子技术依次催生了广播和电视两大传播大众传播形态，推动录音带、录音机、录像带以及录像机走进了普通大众的日常生活，为提高人们的精神文化生活提供了坚实的物质基础。而数字技术的引入，以多媒体个人电脑、MP3 播放器、MP4 播放器、智能手机以及平板电脑为代表的数字化信息设备的推广和普及，对娱乐业产生了更深入的影响。在诸多影响娱乐业的数字技术中，数字音频技术和数字视频技术是广大娱乐内容受众所最容易感受到的两种技术。

2.2.1　数字音频技术

音频是人类最熟悉的传播信息的手段，也是人与人之间交往最便捷的工具。音频信息在以广播和电视为代表的传统媒体时代，就已经是非常重要的媒体类型。在数字新媒体时代，音频仍然保持着重要的地位。

数字音频同样也分为语音和非语音两类。语音以人类语言为基础，具有鲜明字节信息的声音信号，是语言的载体。非语音信号则分为乐音和杂音，乐音指发音物体有规律振动而产生的具有固定音高的音频，可以引起美好的听觉和心理享受；杂音则没有任何规律，不能引起美好的听觉享受。

1. 数字音频及其基本概念

数字音频利用数字化手段对声音进行录制、存储、编辑、压缩和播放，随着计算机技术、多媒体技术、数字信号处理技术等现代科技的兴起而产生，与模拟音频相比，具有采集便捷、存储便利、传输和再现、几乎不存在失真、易于编辑和处理等诸多方面的优点。

音频按来源可以分为自然音频和人工音频两种。自然音频即由自然界中的音源发出的声音，不仅具有强度和音调等属性，更具有强烈的空间感，可以通过混响和回声等反射特性感受到现场的环境因素，可以很容易分辨出音源的方位。人工音频则由于在音频数字化过程中采集信息的片面性，在上述几个特点中难免会有所丢失和缺损，从而导致音质下降或者空间感不强等缺陷。为了减少或者避免这种缺陷的产生，可以根据人耳接收声音的特点，在采集音频时从左右两个方向同时采集音频，从而部分恢复和建立所采集声音的空间感，即对应人耳左右分布的特点，使用立体声系统以双声道或多声道的方法采集声音。音频设备中常用的数字音频标准主要有杜比系列音效系统、DTS 音效系统和 THX 音效系统，如图 2.2 所示。

图 2.2　DTS 和 THX 音效系统标志

2. 计算机音频

计算机音频以计算机为工具，完全由人工通过计算机控制 MIDI 乐器高效率地完成音乐作品的创作与编辑，可以产生自然界中不存在的音频，赋予音频创作以无限空间。

乐器数字接口，全称 Musical Instrument Digital Interface，简称 MIDI，是 20 世纪 80 年代初，由几家主要的电子乐器生产商发起制定的一个通信标准，主要包含计算机音乐生成程序、电子乐谱合成器以及电子乐器和音响等设备交换信息和控制信号等几个子标准。MIDI 通常使用的标志如图 2.3 所示。

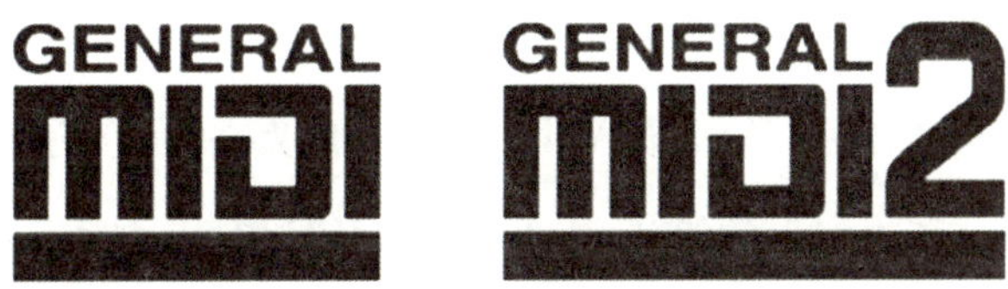

图 2.3　MIDI 标志

MIDI 本身不是声音信号，而是音符、控制参数等指令，它指示 MIDI 设备演奏音符和音量控制等行为。MIDI 数据也不是数字音频波形，而是音乐代码或电子乐谱。MIDI 系统实际就是一个作曲、配器、电子模拟的演奏系统。音乐人可以按 MIDI 标准，运用 MIDI 技术成数字音乐数据来进行音乐的创作，也可以使用 MIDI 设备直接演奏乐曲。配备了高级 MIDI 软件库的计算机，可以利用 MIDI 控制完成包括音乐创作、乐谱打印、节目编排、音乐调整、音响幅度、节奏速度以及各声部之间的协调和混响在内几乎所有音乐数据处理功能。

3. 数字音频文件格式

数字音频信息在以计算机为代表的数字设备中以不同的文件格式记录存储。尽管计算机操作系统和数字设备的操作系统各异，但常用的音频文件通常可以跨越平台使用，常见的文件格式有 CD、WAV、MP3、AIFF、RA、MIDI 等。

CD 文件是现有音频文件格式中音质最好的格式之一。这是因为 CD 文件以人耳最高感知频率的两倍频率即 44.1 kHz 采样，并同时以 16 位量化左右声道的音频信息，并以立体声形式存储。CD 文件通常记录在光盘上，在提供高音质的同时，难以作为普通的计算机文件被复制，这非常有利于知识产权的保护。

WAV 文件是由微软和 IBM 联合开发的数字音频存储标准，采用 RIFF 文件格式结构，非常接近于 AIFF 和 IFF 格式，是 Windows 系列操作系统的标准文件格式，支持 Windows 操作系统平台及其应用程序。WAV 格式也使用 44.1 kHz 采样频率，16 位量化并采用脉冲编码调制编码，采用 Little-Endian 字节顺序存储，音频质量和 CD 相差无几，并且支持波形编码和其他压缩算法，支持多种音频位数、采样频率和声道。

MP3 的全称是动态影像专家压缩标准音频层面 3（Moving Picture Experts Group Audio Layer Ⅲ，简称 MP3）。MP3 可用来大幅度地降低音频数据量。利用 MPEG Audio Layer 3 技术以及人耳对高频声音信号不敏感的特性，将时域波形信号转换为存在于多个频段的频域信号，再以不同的压缩率压缩不同的频段的频域信号，对高频信号增大压缩率甚至将其直接忽略，而以较小的压缩比率压缩低频信号，从而大大提高了压缩效率，在减小音频文件容量的同时，也保证了信号具有较高的保真性和音频回放质量。

AIFF 是音频交换文件格式，是 Audio Interchange File Format 的英文缩写，是苹果公司开发的一种声音文件格式，是苹果电脑上的标准音频格式，属于 QuickTime 技术的一部分。Macintosh 平台及其应用程序可予以支持，也可用于其他类型的计算机平台，其格式包括交织信道数量信息、取样率和原音频数据。AIFF 支持 ACE2、ACE8、MAC3 和 MAC6 压缩，支持 16 位量化 44.1 kHz 采样标准的立体声音频信号。

RA 格式是 RealNetworks 公司开发的流媒体式音频文件格式，全称 Real Audio 文件格式，主要用来在低速率网络上实时传输数字音频信息，可以根据网络数据传输速率的波动而采用不同的压缩比率。RA 格式音频文件需要 Real Player 播放器播放，但由于体积小巧在网络上也颇为流行，随着 RA 格式的逐步流行，其他播放器也逐步增加了 RA 播放解码器而支持 RA 音频文件的播放。

2.2.2　数字图像技术

图像就是采用各种采集系统获取或由人绘制并能够被人类视觉所感知的实体，数字图像就是数字化图像实体。与传统娱乐信息一样，视觉信息在数字娱乐传播中仍然占据着最重要的地位。

1. 数字图像及其基本概念

数字图像是用有限数字数值像素表现的二维平面信息实体，由模拟图像数字化获取、以像素为基本元素、可以用数字计算机或数字电路存储和处理。自然界存在的图像在空间、亮度以及色彩色调上都是以模拟形式连续存在的，所以在进行数字化处理前，要先将模拟图像经采样、量化和编码转换为数字图像。数字图像可以由多种输入设备和技术生成，如数码相机、扫描仪、坐标测量机等等，也可以从非图像数据得到，如数学函数或者三维几何模型等方法。

像素是模拟图像数字化时对连续空间进行离散化所得数字图像的基本元素，每个像素都具有以整数形式表现的行和列的坐标位置和整数灰度值/颜色值，根据像素特性的不同数字图像可以划分为二值图像、灰度/灰阶图像和彩色图像等类型。

2. 数字图像的属性

分辨率（Resolution）是指组成图像的像素密度，以单位长度内像素数量表示，单位一般采用 PPI，Pixels Per Inch，如 300PPI 表示 1 英寸内有 300 个像素。对几何尺寸相同的一幅图像，组成图的像素数目越多，则图像分辨率越高，图像就越清晰；反之，则图像分辨率越低，图像也就越粗糙。如图 2.4 所示，两幅图像尺寸相同，但左边图像分辨率为 300PPI，而右边图像分辨率只有 100PPI，左边图像视觉效果明显更好、更清楚更细腻。

图 2.4　同样尺寸但分辨率不同的图像

色彩深度(Depth of Color),又称色彩位数,指储存每个像素色彩所用数值的存储位数,决定彩色图像像素可能的最大色彩数量或者灰度图像像素可能的最大灰度级别。例如,一幅彩色图像的每个像素如果用R、G、B三个分量来表示,每个分量用8位来表示,那么一个像素就由8×3=24位来表示,即像素色彩深度就是24位,每个像素可能的色彩就是2^{24}=16 777 216中的一种。表示一个像素的位数越多,能表达的色彩数量就越多,它的深度就越深,表现的色彩就越细腻,但同时图像占用的存储空间就越大。鉴于人眼的分辨率的局限性和设备复杂度的限制,一般不追求过高的像素色彩深度,而要在人眼的视觉感知和资源耗费之间达到平衡。

真彩色是指在组成一幅彩色图像每个像素值的基色分量,达到与日常生活经验一致的色彩,每个基色分量直接决定了显示设备的基色强度。伪彩色图像的每个像素的色彩不是由每个基色分量数值直接决定,而是去查找一个显示图像时使用的R、G、B强度值,查找得到的数值显示的色彩显然是真的,但不一定是所描述物体真正的色彩,而有可能以色彩表现图像所描述对象的一些其他数值，如以不同色彩表示不同的温度，称为色温。

3. 数字图像文件格式

静态图像文件格式有 BMP、GIF、JPEG、TIFF、TGA、SVG、PNG 等。

BMP 文件格式，全称 Bitmap，即位图。BMP 格式是 Windows 系列操作系统中的标准图像文件格式。BMP 文件采用位映射存储，文件容量很大，除了 RLE 压缩外不采用其他压缩编码。BMP 文件采用 RGB 色彩空间存储数据，按从左到右、从下到上的顺序显示图像。

GIF 文件格式，全称 Graphics Interchange Format，即图像互换格式，由 Compu-Serve 公司开发。GIF 文件基于 LZW 压缩编码算法的连续色调无损压缩，压缩率为 50%左右。目前几乎所有相关软件都支持它，公共领域有大量的软件在使用 GIF 图像文件。GIF 最多支持 256 种色彩。GIF 另一个特点是在一个文件中可以存多幅彩色图像，播放时按时间顺序显示，以表现动画效果，在网页制作中非常常见。

JPEG 文件格式，全称 Joint Photographic Experts Group，即静态图像专家组格式，由国际标准组织和国际电报电话咨询委员会共同推出，是使用最广泛的图像文件格式。JPEG 文件可以采用基本编码、扩展编码和统计编码等多种编码方法。JPEG 格式压缩的主要是高频信息，色彩信息保留较好，可以支持 24 位真彩色，普遍用于连续色调图像，以减少传输时间，特别适用于互联网传播。JPEG 文件使用 YCbCr 色彩空间，像素按照从左到右、从上到下的顺序存放。JPEG 文件格式可以调节图像质量，以支持以不同的压缩级别压缩文件，压缩比通常在 10∶1 到 40∶1 之间。

TIFF 文件格式，全称 Tagged Image File Format，即标签图像文件格式。TIFF 文件格式引进标志域方法定义了四种格式：TIFF－B 适用于二值图像；TIFF－G 适用于黑白灰度图像；TIFF－P 适用于带调色板的彩色图像；TIFF－R 适用于 RGB 真彩图像。TIFF 格式灵活易变，具有扩展性、方便性、可改性，并且支持多幅图像存储于同一文件。

TGA 文件格式，全称 Tagged Graphics，即标签图像文件格式，由 True Vision 公司开发。TGA 结构简单，在多媒体领域有很大影响，是计算机图像转换为电视图像的首选格式。TGA 格式的最大特点是可以生成不规则形状的图形、图像文件。TGA 格式支持压缩，使用不失真的压缩算法。

SVG 文件格式，全称 Scalable Vector Graphics，即可缩放矢量图形格式，是一种开放标准的矢量图形语言，可任意放大或缩小显示，而不会影响清晰度，文字在 SVG 图像中保留可编辑和可搜寻的状态，没有字体的限制，生成的文件很小，十分适合用于设计高分辨率的 Web 图形页面。

PNG 文件格式，全称 Portable Network Graphic，即可移植网络图形格式，是网络上逐渐兴起的文件格式，能够提供长度比 GIF 小 30％的无损压缩图像文件，并同时提供 24 位和 48 位真彩色图像支持以及其他诸多技术支持。

2.2.3　数字视频技术

据统计，目前，视频信息因其最接近人直观感受的不可替代特征，在网络上占据了将近 90%的流量。数字视频就是以数字形式记录的视频。为了获取数字视频信息，模拟视频信号必须通过模拟/数字转换器来转变为以 0 和 1 表示的数字视频信号，而播放数字视频时则要完成其反过程，即借助数字/模拟转换器将二进制信息解码成模拟信号。

1. 模拟视频与数字视频

彩色电视信号分为复合视频信号、分量视频信号和分离视频信号三种。复合视频信号又称为全电视信号，将亮度、色差及同步信号融合为一个信号。分量视频信号由表现色彩信息的若干个独立信号组成，表示色彩质量最好，但需要较宽的带宽和同步信号，常用的分量视频信号标准有 RGB、YUV 和 YIQ 等。分离视频信号将亮度分量和色差分量分离后以不同信道分别传输，色彩表现和设备资源消耗均处于前两者之间。视频信号标准也称为电视制式，世界上广泛采用的电视制式有 NTSC、PAL 和 SECAM 制三种，区别主要在于帧频/场频、分辨率、带宽、色彩空间的转换关系。

模拟视频数字化包括色彩空间转换、光栅扫描转换以及分辨率统一等步骤。电视视频信号常用两种方法数字化。一种先把分离复合视频信号中的亮度和色度转换为 YUV 或 YIQ 分量，然后用模拟/数字转换器对数字化三个分量；另一种先用模拟/数字转换器数字化复合视频信号，然后在数字域中得到 YUV、YIQ 或 RGB 分量数据。

2. 数字视频文件格式

数字视频文件格式又可分为影像文件和动画文件。影像文件所描述的对象一般是来自现实存在的真实对象，动画文件所描述的对象通常是真实对象的线条化模型或现实世界中不存在的对象。

AVI文件格式，全称Audio Video Interleaved，即音频视频交错格式，由微软公司于1992年推出，是将语音和影像同步组合在一起的文件格式。AVI文件支持256种色彩，采用压缩比较高的有损压缩方式，尽管画面质量一般，但仍然广泛地应用在电视、电影等各种影像信息的存储和记录。

MPEG文件格式，全称Moving Pictures Experts Group，即动态图像专家组，是动态图像压缩算法的国际标准。MPEG文件包括视频、音频和视频/音频同步三部分，在时间上采用运动补偿技术压缩，在空间上采用变换域压缩技术。MPEG文件的平均压缩比为50∶1，最高可达200∶1，在保持非常高压缩效率的同时能保证很高的图像和音频质量。MPEG与其说是文件格式，不如说是一系列标准，主要包括MPEG-1、MPEG-2、MPEG-4和MPEG-21等。

MPEG-1标准适用于CD-ROM、VCD、CD-I等数字视频系统，可压缩标准分辨率的视频信号，其传输速率为1.5 Mbps，每秒播放30帧，具有CD音质，图像质量与VHS系统相当。MEPG-2标准在MPEG-1基础上进行了改进和扩充，针对常规隔行扫描电视图像设置了按帧和按场两种编码模式，并相应对运动补偿作了扩充，显著提高了编码效率。MPEG-2还可以提供较广的范围改变压缩比，以适应不同画面质量、存储容量以及带宽的要求。MPEG-2除了作为DVD的指定标准外，还可用于广播、有线电视网、网络以及卫星直播等，提供广播级数字视频。

MPEG－4 标准则在一个框架内集成了多种多媒体应用内，建立了多媒体传输、存储、检索等应用领域普遍采用的统一数据格式。MPEG－4 以视频、音频、文字、数据为对象进行编码，在极大提高码率压缩的同时，更方便了多媒体交互式操作的实现。MPEG－4 能适应不同的传输带宽、图像尺寸和分辨率，提供不同的服务，满足各种应用需要。

ASF 文件格式，全称 Advanced Streaming Format，即高级串流格式，是微软公司为 Windows 98 操作系统开发的流媒体文件格式，是微软 Windows Media 播放器的核心。ASF 包含音频、视频、图像以及控制命令脚本的数据格式，支持任意的压缩编码方式，以网络数据包的形式传输，可以使用任何一种底层网络传输协议，实现流式多媒体内容发布，具有很大的灵活性。

RM 文件格式，全称 Real Media，由 Real Networks 公司开发，也是出现最早的流媒体视频格式，在压缩方面做得非常出色，可以根据网络数据传输的不同速率决定不同的压缩比率，从而实现低速率在网络上实时传送和播放视频文件。RM 包含 RealAudio、RealVideo 和 RealFlash 三部分，现已成为网络直播和在线点播的通用格式，占有视频直播的主导地位。

MOV 文件格式，即 QuickTime 影片格式，是苹果公司开发的音频/视频格式，在某些方面它甚至比 WMV 和 RM 等其他流媒体格式更优秀，被众多的多媒体编辑及视频处理软件所支持，是数字媒体领域事实上的标准。

在文件的存储和再现原理及方式上，动画文件格式与视频文件格式并没有区别，通常可以用动画制作软件完成动画制作后导出为视频文件，但鉴于动画文件的特殊性，动画文件又有其独特的文件格式，除了上面介绍的GIF文件格式，还有FLIC、SWF等。

FLIC文件格式，是Autodesk公司在其2D、3D动画制作软件中采用的动画文件格式。FLIC文件采用RLE算法和Delta算法无损压缩数据，首先压缩并保存整个动画系列中的第一幅图像，然后逐帧计算前后两幅图像的差异或变化部分，并对差异数据进行RLE压缩，由于动画序列中前后相邻图像的差别不大，因此可以得到相当高的数据压缩率。

SWF文件格式，即Shockwave Format，是由Macromedia公司开发，采用Shockwave技术的流式动画格式，是Flash的其中一种发布格式，由于其体积小、功能强、交互能力好、支持多个层和时间线程等特点，在网络动画中应用越来越广泛。

2.2.4　计算机动画技术

计算机动画指采用图形与图像的处理技术，借助于编程或动画制作软件生成一系列的景物画面，当前帧是前一帧的部分修改，采用连续播放存储于连续帧的静止图像的方法产生物体运动的效果。计算机动画中的运动包括景物位置、方向、大小、表面纹理、色彩和形状的变化以及虚拟摄像机的运动。动画的基本原理是利用人眼的视觉暂留特性，连续播放一系列基于时间顺序的静止画面，给视觉造成连续变化的假象。图2.5中的几个例子，则表示在某段持续时间内看到的所有帧以及帧之间的位置

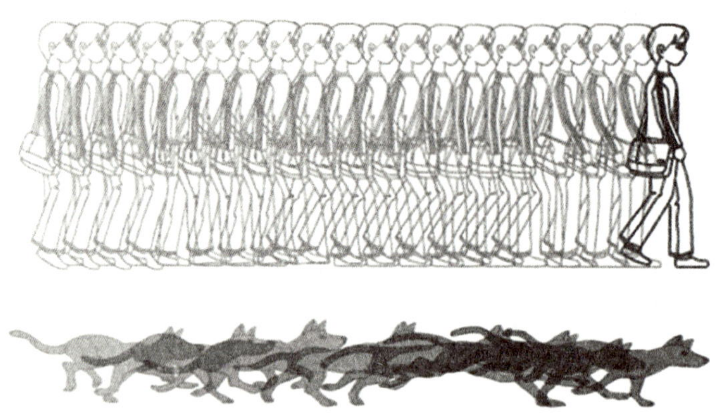

图 2.5　某段持续时间内的动画帧举例

关系。

计算机动画的制作需要软件和硬件协同实现。以计算机硬件为基础，利用动画制作软件，以艺术修养作为指引，实现各种动画功能和效果。

1. 计算机动画的分类

计算机动画根据动画控制方式可分为实时动画和逐帧动画。实时动画采用算法控制物体的运动，计算机快速处理输入的数据，并在屏幕上实时显示运算结果，一般用于简单动画。逐帧动画按时间顺序显示记录在存储介质上的图像序列实现运动效果，通常用于复杂动画。

计算机动画根据动画画面视觉效果的不同分为二维动画和三维动画。二维动画的画面是在平面空间展示内容，其立体感借助于透视原理、阴影等手段得到的视觉效果。三维动画使用三维数据建立对象模型，具有真实的立体感。如图 2.6 中左右两图分别是典型二维动画的三维动画中的一帧，可见三维动画的立体感更强烈。

图 2.6　典型的二维动画和三维动画示例

按所描述对象的真实程度还可以分为真实感动画和非真实动画。

按目的播放平台还可以分为电视动画和网络动画，电视动画在计算机上制作完成以后要转换为视频文件格式存储，以供电视平台播放。适用于网络传播的网络动画，网络动画文件容量小，采用矢量图形，画面简洁明快、色彩鲜艳，播放运算量小，制作相对容易，并具有一般动画所没有交互性，可以在小规模范围内展开创作，但画面质量远远不如专业动画作品，随着网络的发展和普及，逐渐形成了计算机动画重要组成部分。网络动画的主要制作软件有 Flash、Ulead GIF Animator 和 Cool 3D 等。

2. 计算机动画生成技术

计算机动画生成技术即利用计算机动画系统的多种运动控制方式，实现各种复杂的运动形式，提高控制的灵活度以及制作效率的技术，包括关键帧动画、变形物体动画、过程动画和人体动画等。

一般地，动画对象或人物还是先用手工在纸上或使用绘图笔绘制原画，即先画出对象或人物的轮廓，再输入计算机以后进行上色等操作，这部分的工作与造型设计以及美术设计密切相关。图 2.7 表现的是从原画到上色的过程，图 2.8 则表示的是人物造型设计和美术设计的过程。

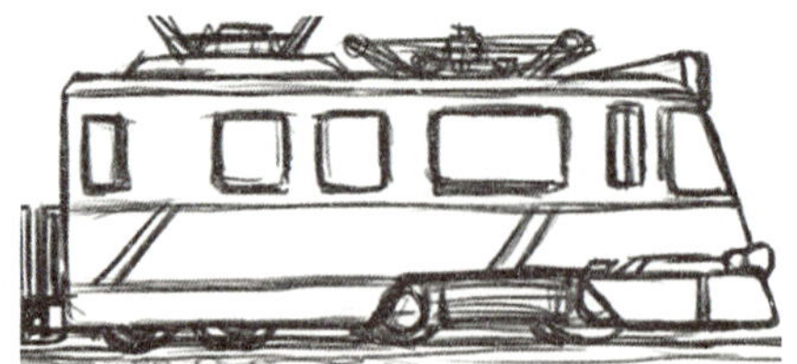

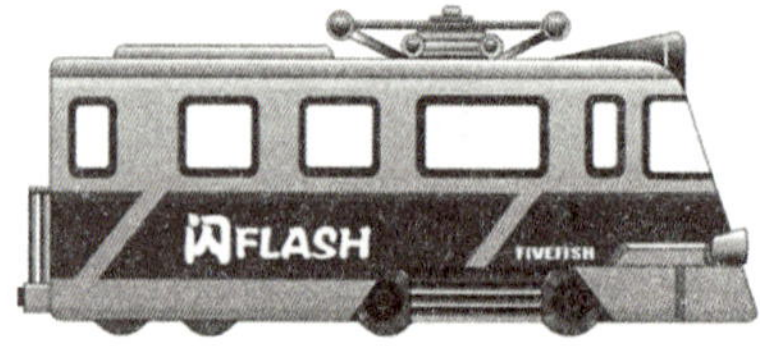

图 2.7 从原画到上色的过程

图 2.8 人物造型设计和美术设计的过程

关键帧动画的中间帧并不需要全部由创作人员逐帧描绘，只需绘出若干有代表性的关键帧画面，其余各帧画面由计算机根据关键帧画面的设定以及模型化对象在某些时间点上的位置、形状、旋转角、纹理和其他参数而自动内插生成，从而大大节省创作的时间，是计算机动画中最基本并且运用最广泛的方法，几乎所有的动画软件如 Maya、3DSMAX 等都使用这种技术。如图 2.9 所示，要表现二维动画人物笑的动画过程，只需要帧标记帧 1、帧 2 和帧 3 为关键帧，而其他帧可以由这三个关键帧的参数由计算机计算生成。图2.10 则表现了三维动画的关键帧，其中关键帧为

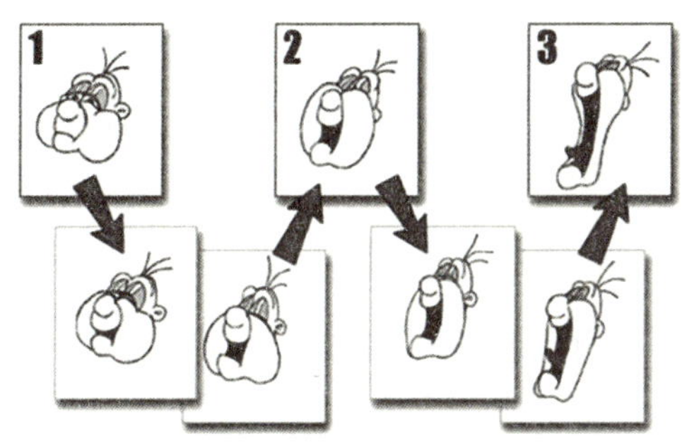

图 2.9　二维动画的关键帧

图 2.10　三维动画的关键帧

帧 1 和帧 2,其他帧则由计算机生成。

变形动画将动画对象从状态转变为另一种状态,转变的中间过程通过起始状态和结束状态的数据计算得到,常用动画软件如 3DSMAX、Maya 等都具有类似功能。如图 2.11 所示,是一朵计算机绘制的花朵由含苞待放到绽开的全过程,以及图 2.12 中一个黑色矩形逐步变成白色圆形的过程,都属于典型的变形动画。

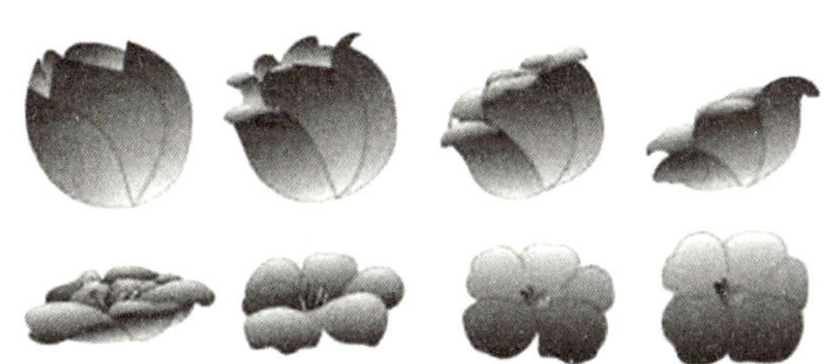

图 2.11　变形动画表现的花开过程

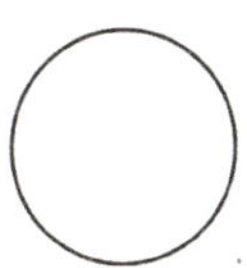

图 2.12　变形动画表现的形状和色彩变化过程

2.3 数字传输技术

数字媒体信息传输技术作为传输数字媒体信息的主要手段，体现了数字新媒体与传统媒体单一传输渠道相比迥然不同的多渠道传输特征。数字媒体信息传输技术有机融合了计算机网络技术和现代通信技术，将数字信息内容传输给终端，为用户及受众提供无缝连接的服务。数字媒体信息传输技术主要包括数字通信网技术、计算机网络技术和无线通信技术。数字传播技术具有抗干扰能力强、易于差错控制、可加密且保密性强、可以传递各种数字信息、易于集成等优点，尽管也面临差错、同步、带宽占用资源过多等问题，还是被广泛用于各种数字娱乐领域，如数字音频广播、数字电视、在线音乐、在线视频以及在线游戏等。

数字信息在传输系统中的传播方式可分为单播、组播、广播、P2P。单播指一个信源只向一个信宿传递消息，信宿可以完全控制的信息。组播指一个信源向一组确定信宿传送信息。广播则一个信源向非特指的多个信宿发送信息，信宿只能被动接收信息。P2P 又称对等传输，即端对端的消息传递，它并未采用客户机/服务器模式，每个端点的地位都是相同的，具备客户端和服务器双重功能，可以同时作为服务使用者和服务提供者，具有扩展性高、方式灵活的特点。

2.3.1 数字通信网技术

数字通信网是传输数字媒体信息传播最主要的平台。长期以来，通信网都以电话为基本业务，以模拟信号形式和频分多路复用方式进行通信。当传送数据等数字信息时，需要采用调制解调器把数字信号变换成模拟信号进行传输。在数字通信网中，则以数字信号形式和时分多路复用方式进行通信。数据等数字信号可以直接在数字网中传输，而传输话音、图像等模拟信号时，则必须在发送端进行模拟/数字变换，并在接收端进行数字/模拟反变换。视频图像信号的模拟-数字变换常用线性脉码调制、差分脉码调制等方式。数字通信网具有抗干扰性强、失真不积累、终端设备简单、体积小、便于加密以及实现各种综合业务等基本特点。

1. 数字通信网的构成

数字通信网由用户终端设备、传输系统和交换系统等组成。终端设备将需要传递的信息转换为电信号。传输系统分为用户传输系统和中继传输系统，传输带有信息的信号。交换系统实现信号的交换，是数字通信网的核心。通信网的交换方式可分为电路交换、报文交换和分组交换三种方式，分别对应电话通信网和数据通信网。

常见数字通信网类型包括公众电话交换网（PSTN）、分组交换远程网（PacketSwitch）、以太网（Ethernet Switch）、光纤分布式数据接口（FDDI）、综合业务数字网（ISDN）、宽带综合业务数字网（B - ISDN）、异步转移模式（ATM）、同步数字序列（SDH）、卫星通信和无线移动通信网等。

2. 数字通信网的基本技术

数字通信网建立在差错控制、信道多路复用、多址接入和异步传输技术等基础上，以提高传输速度并保证传输数字信息的质量。

(1) 差错控制技术。

差错控制就是在传送信息中附加一些监督编码，在收和发之间建立校验关系，利用编码方法发现并纠正传输过程中由噪声等因素引起的错误，以提高数字消息传输的准确性。差错控制上分为反馈纠错、前向纠错以及混合纠错三种。

(2) 多路复用技术。

多路复用是把多个低信道组合成一个高速信道的技术，可以有效地提高传输媒介带宽的利用率，从而使得一条高速的传输介质可以同时为多条低速接入信道提供服务，即使得网络干线可以同时运载大量的语音和数据传输。数字通信网络中，某时间段内数字信息的容量往往会超过传输介质的传输能力，为了有效地利用通信线路，采用多路复用技术把多个信号组合起来在一条物理信道上传输。多路复用的基本原理如图 2.13 所示。

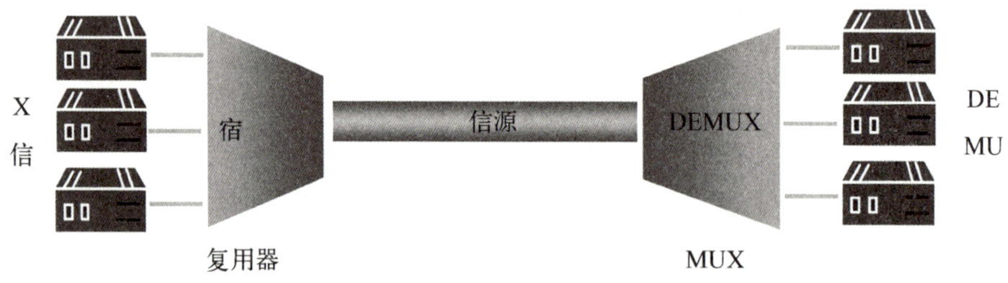

图 2.13　多路复用的基本原理

通过多路复用技术，多个终端能共享一个传输介质，从而节省信道资源提高资源利用率。多路复用有频分多路复用(FDM)、时分多路复用(TDM)、波分多路复用(WDM)、码分多路复用(CDM)几种。

频分多路复用(FDM)。频分复用是将传输介质带宽分成N部分,每个部分均作为独立的传输信道使用,在一对传输线路上可有N对信息传送,而每一对话路所占用的只是其中的一个频段。

时分多路复用(TDM)。时分复用是把一个传输通道进行时间分割以传送若干路信息。把若干信息通路接到一条公共通道上,按一定的次序轮流给每个通路分配一段使用通道的时间。

波分多路复用(WDM)。波分复用是将多种携带各种信息且不同波长的载波信号在发送端经复用器合并为一个载波光信号,通过单根光纤中传输信息的技术。在接收端,经解复用器将各种波长的光载波分离后,再由光接收机对单独的光载波信号处理以恢复原来的信息。

码分多路复用(CDM)。CDM技术作为一种多址方案已经成功地应用于卫星通信和蜂窝电话领域,并且显示出许多优点。但由于卫星通信和移动通信中带宽的限制,CDM技术尚未充分发挥其优点。光纤通信具有丰富的带宽,能够很好地弥补这个缺陷。

(3) 多址接入技术。

在无线移动通信系统代表性系统蜂窝通信系统中,以信道来区分通信对象,一个信道只容纳一个用户进行通话,许多用户同时通话时,互相以信道来区分即多址技术。

移动通信系统通常由连接在一起且可以相互通信的多个基站和多个移动台构成。与单路的移动通信终端不同,基站通常是多路系统,以同时负责与多个移动终端的通信任务,即以不同频率的独立信道连接不同的移动通信终端,各用户信号在各自的信道中实现复用,以多址连接方式支持多个移动通信终端的用户同时通话或数据访问。

在移动通信业务区内，移动终端之间或移动终端与市话用户之间通过基站同时建立各自的信道实现多址连接。目前，移动通信系统采用的多址方式有频分多址（FDMA）、时分多址（TDMA）、码分多址（CDMA）和混合应用方式等。

(4) 异步传输技术。

异步传输模式（Asynchronous Transfer Mode，ATM）又称信息元中继，是以信元为单位采用面向连接的交换方式。ATM 是一种面向连接为支持宽带综合业务网而开发的技术，与电路交换模式没有可比性。当发送端想要和接收端通信时，通过 UNI 发送要求建立连接的控制信号。ATM 采用异步时分统计复用技术，将来自不同信息源的信息汇集在缓冲区排队，队列中的信息逐个输入信道，形成首尾相连的信息流。

异步传输技术是实现 B－ISDN 业务的核心技术。面向连接的通用传输模式适用于局域网和广域网，支持声音、数据、传真、实时视频、CD 质量音频和图像等高速数据传输率和许多种类型的通信等多种业务。

3. 计算机网络技术

计算机网络是建立在通信技术和计算机技术基础上，按照网络协议将分散独立的计算机和通信设备连接起来，以功能完善的网络软件实现资源共享和信息传递的系统。

(1) 计算机网络体系。

计算机网络由网络硬件和软件组成。网络硬件是计算机网络的物质基础，主要包括服务器、工作站、连接设备、传输介质等。网络软件是实现网络功能的主体，包括网络操作系统和网络协议等。网络操作系统运行在网络硬件基础上，提供共享资源管理、基本通信、网络系统安全及其他网络服务，其他网络软件都需要其支持才能运行。连入网络的计算机依靠网络协议实现通信，而网络协议需依靠在具体网络协议软件的支持下才能工作。

计算机网络按覆盖范围可分为局域网、城域网和广域网。局域网(LAN)是小区域范围内的计算机网络，数据传输率高可达 1 000 Mbps，具有价格便宜和误码率低的优点，常见拓扑结构有星型、环型、总线型、树型和网状拓扑等，分别为星型拓扑、环型拓扑、总线型拓扑、树型拓扑和网状拓扑(见图 2.14)。城域网(MAN)通常使用与 LAN 相似的技术，可能覆盖一个或若干城市。广域网(WAN)是覆盖国家级或国际范围地域的网络，通常要依托公共通信网络。

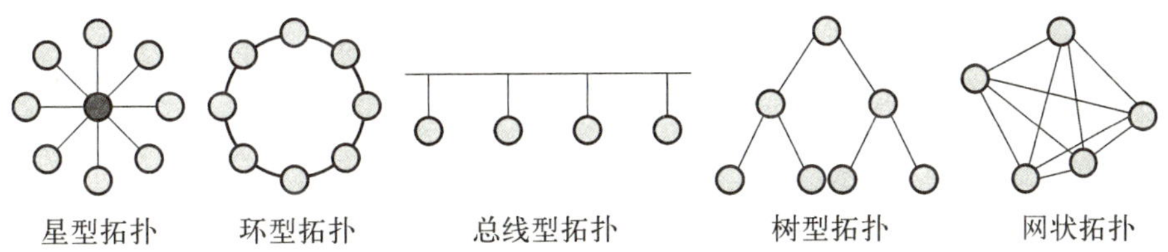

图 2.14　常见的计算机网络拓扑结构

(2) IP/TCP 协议。

IP 是互联网络协议的简称。IP 协议与 TCP 协议并列为 TCP/IP 协议集合的核心。互联网通过 IP 协议实现不同物理网络的统一，实现了真正意义上的网络互联。IP 技术的核心是支持网络互联的 TCP/IP 协议，通过 IP 数据包和 IP 地址将物理网络细节屏蔽起来提供统一的网络服务。现有的 IP 协议为 IPv4，但由于互联网地址空间的不足和新的应用需要，对 IPv4 做出了简单、向前兼容的改进，提出了 IPv6。IPv6 不仅解决了 IPv4 的地址短缺难题，而且可以使互联网摆脱复杂难以管理和控制的局面。

TCP 是面向连接的协议，提供可靠的全双工数据传输服务。TCP 具有面向数据流、虚电路连接、有缓冲的传送、无结构的数据流和全双工连接等五个特征。IP 只提供一种将数据报传送到目标主机，但不能解决数据报丢失和乱序递交等传输问题。TCP 协议则解决 IP 协议的问题，两者相结合而成的 TCP/IP 协议集合提供了互联网可靠传输数据的方法。

基于 TCP/IP 协议的网络体系结构分为网络接口层、网际层、传输层、应用层四层，即 TCP/IP 协议层次结构，与 OSI 参考模型之间的关系如表 2.1 所示。

表 2.1　TCP/IP 协议层次结构

<table>
<tr><th>TCP/IP 协议</th><th>OSI 参考模型</th></tr>
<tr><td rowspan="3">应用层
FTP、SMTP 等</td><td>应用层</td></tr>
<tr><td>表示层</td></tr>
<tr><td>会话层</td></tr>
<tr><td>TCP 层</td><td>传输层</td></tr>
<tr><td>IP 层</td><td>网络层</td></tr>
<tr><td rowspan="2">网络接口层</td><td>数字链路层</td></tr>
<tr><td>物理层</td></tr>
</table>

4. 数字无线通信技术

数字无线通信利用电磁波在空间中的传播特性传输信息的通信方

式，其中发展最快、应用最广泛的就是数字无线通信技术，主要包括微波通信和卫星通信。卫星通信利用通信卫星作为中继站，在地面上多个卫星地面站之间或移动终端之间建立微波通信联系。各种无线媒体形式借助无线通信技术的支撑而飞速发展，已经成为极具竞争力的数字新媒体形态，比如移动通信、手机媒体、移动电视、无线网络和无线城市等等。数字通信技术包括数字移动通信技术、无线互联网技术和卫星通信技术等。目前，业界正在展开第四代移动通信技术的大规模商业推广和应用，并已经开展了第五代移动通信技术的研究和开发。

数字移动通信综合了有线无线传输方式，提供了快速便捷的通信手段，兴起于20世纪70年代，至今已经走过了四个发展阶段，第四代移动通信系统正处于紧张的商业推广阶段。但不管是哪个阶段，其基本结构并没有太大区别。

第一阶段是20世纪70至80年代的模拟蜂窝移动通信网。1978年，美国贝尔实验室研制成功先进移动电话系统(AMPS)，建成了蜂窝状移动通信系统。第一代移动通信系统美国AMPS系统及其改进型系统TACS(总接入通信系统)、NMT和NTT等为典型代表。AMPS广泛应用于北美、南美和部分亚太国家和地区；TACS包括欧洲ETACS和日本NTACS两种版本，被英国、日本和部分亚洲国家采用。

第二代移动通信系统简称2G，源于20世纪80年代中期。欧洲首先推出泛欧数字移动通信网(GSM)体系。随后，美国和日本也制订了各自的数字移动通信体系。第二代数字蜂窝移动通信系统的典型代表是美国的DAMPS系统，IS-95和欧洲的GSM系统。1996年出现的2.5代移动通信系统引入了 GPRS 和 IS－95B 等技术，在优化语音传输数据的同时，也解决了中速数据传输问题。

第三代移动通信系统简称 3G，最早于 1985 年由国际电信联盟(ITU)提出，在已经进入大面积商用阶段，主要有 WCDMA，CDMA2000 和 TD－SCDMA 三种体系。CDMA2000 采用 MC－CDMA 多址方式，可支持话音、分组、数据等业务，并且可实现 QoS 协商。WCDMA 采用 DS－CDMA 多址方式，核心网基于 GSM－MAP，有效支持电路交换、分组交换和其他宽带业务。TD－SCDMA，时分双工同步码分多址，是我国提出的第三代移动通信的国际标准，具有频谱利用率高、成本低和灵活性大的特点，与 WCDMA 和 CDMA2000 并列为第三代移动通信世界三大主流标准。

第四代移动通信及其技术的简称 4G，集 3G 和 WLAN 于一体，并能够传输高质量视频图像。4G 是以传统通信技术为基础，利用新的通信技术提高无线通信的网络效率和功能。4G 系统能够以 100 Mbps 的速度下载，上传的速度也能达到 20 Mbps，强大的数据传输能力赋予其能够满足目前几乎所有无线服务的要求。4G 的关键技术包括抗干扰性强的高速接入技术、调制和信息传输技术；高性能、小型化和低成本的自适应阵列智能天线；大容量、低成本的无线接口和光接口；系统管理资源；软件无线电、网络结构协议等。4G 通过最适合的网络提供给用户最好的服务，能通过增添频段以路由技术提供不同类型的通信接口，以应付因特网通信数据量增长的需求。移动通信会向数据化、高速化、宽带化和频段更高化方向发展，预计移动数据、移动 IP 会成为移动网的主流业务。2012 年

1月18日，国际电信联盟在2012年无线电通信全会全体会议上，正式审议通过将LTE-Advanced和WirelessMAN-Advanced(802.16 m)技术规范确立为IMT-Advanced，即4G的国际标准，中国主导制定的TD-LTE-Advanced和FDD-LTE- Advanced同时列入。2012年1月20日，ITU正式审议通过4G(IMT-Advanced)标准：LTE-Advanced：LTE(Long Term Evolution，长期演进)的后续研究标准；WirelessMAN-Advanced(802.16 m)：WiMAX的后续研究标准。由我国主要提出的TD-LTE作为LTE-Advanced标准分支之一入选。移动通信系统的发展及应用领域如表2.2所示。

表2.2　移动通信系统的发展及应用领域

系统	传输速率	主要技术	主流系统	应用领域
1G	低速率	蜂窝系统 电路交换	AMPS TACS	语音业务，本地漫游
2G	9.6～ 384 kbps	TDMA CDMA	GSM CDMA	语音、传真、数据等业务，国际漫游
2.5G	115 kbps	通用分组 数字蜂窝	GPRS	SMS，多媒体业务，高速率，国际漫游
3G	2 Mbps	WCDMA	WCDMA CDMA2000 TD-SCDMA	多媒体业务，多种系统无缝连接，国际漫游
4G	100 Mbps	LTE	TD-LTE-Advanced FDD-LTE-Advance	宽带业务，宽带移动通信，宽带接入IP系统

第五代移动通信及其技术的简称5G，目前正在研究中。目前还没有任何电信公司或标准制定组织，仅3GPP、WiMAX论坛及ITU-R的公

开规格或官方文件有提到 5G。但据韩联社 2013 年 5 月 13 日报道，韩国三星公司成功研发了第五代移动通信技术，手机在利用该技术后无线下载速度可以达到每秒 3. 6 Gbps。三星公司计划以 2020 年实现该技术的商用化为目标，全面研发 5G 移动通信核心技术。

5. 无线互联网技术

无线互联网是无线通信技术与网络技术相结合的产物，通过无线信道实现网络设备之间的通信的移动化、个性化和宽带化。无线互联网技术包括移动网络接入、固定无线接入、无线局域网技术等几种方式。无线网络分为无线局域网、无线广域网、无线城域网和无线个人网等四类。

以电气和电子工程师协会 IEEE 为代表的多个研究机构针对不同应用场合，制定的一系列协议标准推动了无线局域网的实用化。1997 年制定的 IEEE802. 11 协议标准规定了无线局域网在 2. 4 GHz 波段进行操作，这一波段被全球无线电法规实体定义为扩频使用波段。1999 年8 月，802. 11 标准得到了进一步的完善和修订，包括用一个基于 SNMP 的 MIB 来取代原来基于 OSI 协议的 MIB，并增加了 802. 11 a 标准，将标准物理层频带扩充为 5 GHz，采用正交频分复用(OFDM)扩频技术，可提供速率为 25 Mbps 的无线 ATM 接口和 10 Mbps 的以太网无线帧结构接口，并支持语音、视频和多媒体数据传输等业务，采用 QFSK 调制方式，传输速率为 6 Mb/s～54 Mb/s，完全能满足室内、室外等各种应用环境。除此之外，还增加了采用 2. 4 GHz 频带的 802. 11 b 标准，采用直接序列扩频(DSSS)技术和补偿编码键控(CCK)调制方式，能够网络连接信号强度的变化，在 11 Mbps、4.5 Mbps、2 Mbps、1 Mbps 等速率之间自动切换，从根本上改变了无线局域网应用现状，扩大了无线局域网的应用领域。

6. 无线接入技术

无线接入技术指通过无线介质连接用户终端和网络节点，以实现用户与网络间的信息传输方式，是无线通信系统实现的最关键要素。相对于有线接入技术，无线接入技术的最大进步在于能够向用户提供移动接入业务。典型的无线接入系统由控制器、操作维护中心、基站、固定用户单元和移动终端等几个部分组成。无线接入系统可分以下几种类型。

(1) 模拟调频技术。

模拟调频技术以 FDMA 方式采用低于 25 kHz 载频带工作在 470 MHz 频率以下，仅能提供话音或传真等低速率数据通信业务，因为用户容量小只适用面向用户少和业务量低的服务。目前超短波频率大部分资源已经被占用，其余频率资源分配给其他固定、移动无线电等应用，所以留给无线接入技术规划专用的频率资源就所剩无几了。

(2) 数字直接扩频技术。

采用数字直接扩频技术的无线通信系统工作在 1 700 MHz 频率以上，提供话音通信或高速率数据传输、图像通信等业务，能满足一般的通信需求，并具有覆盖范围广和处理业务量大的特点。

2.4.1 磁存储技术

虽然各种新型的存储媒介不断涌现，但磁存储技术以其优异的记录性能、应用灵活、成本低廉的优势和技术上的巨大发展潜力，成为信息存储领域的主流技术。磁存储技术可分为模拟磁存储和数字磁存储两种。前者主要用于记录模拟图像和模拟声音信号，记录和输出均模拟信号；后者采用二进制信号记录数字信息，设备主要包括硬磁盘、软磁盘和磁带等。

硬盘具有容量大、体积小、速度快、价格便宜等优点，硬磁盘存储技术应用最广泛。硬盘性能指标包括容基、平均寻道时间、缓存和传输速率等。目前，主流硬盘的容量在 1 000 G 以上，转速 10 000 r/min，平均寻道时间大约为 7～9 ms，缓存 32 MB，传输速率达 160 Mbps。硬盘主流接口主要是 IDE、SATA 和 SCSI 等，其接口及硬盘如图 2.16 所示。尽管单一硬盘的存储容量已经达到了比较可观的程度，但对于迅猛发展的数字媒体信息来说，在追求大容量同时还需要增强存储系统的可靠性，从而出现了由多个硬盘构成的存储系统磁盘冗余阵列（RAID），综合解决了磁盘存储系统的吞吐速度和可靠性问题。

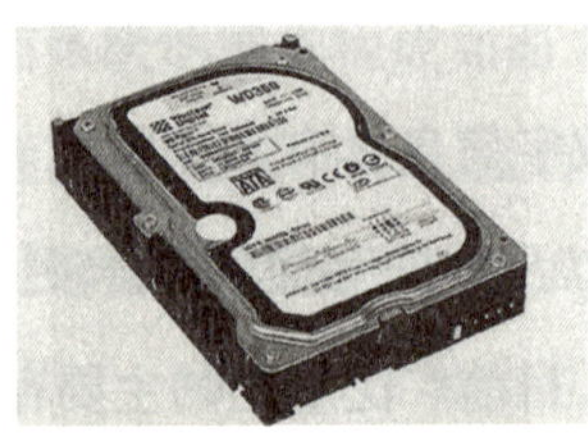

图 2.16 IDE、SATA 和 SCSI 硬盘接口外观

2.4.2　半导体存储技术

半导体存储器种类繁多，容量和存取速度发展非常迅速，应用领域也日益广泛。根据其读写特性，可分为随机存储器(RAM)和只读存储器(ROM)两大类，还可细分为 Flash、ROM、SRAM、EPROM、EEPROM 和 DRAM 等。

闪存芯片的存储容量已经达到了上百 GB，而且随着半导体和集成技术的发展，闪存芯片的容量还会大幅度提升，常见的闪存类型有 SM、CF、MemorySticks、MMC、SD、XF、U 盘、C－Flash 等，几种常见的存储卡如图 2.17 所示。

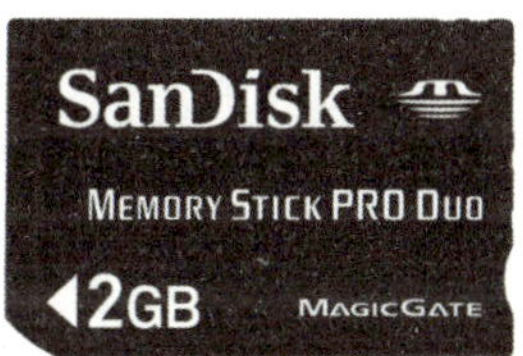

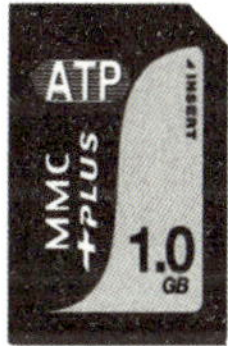

图 2.17　SD、mimiSD、MS、TF 及 MMC 存储卡

2.4.3　光存储技术

光存储技术是将计算机生成的携带信息的数据送入光调制器，采用激光照射介质并与介质相互作用，导致介质的性质变化而存储信息。光存储系统通常分为记录信息的光盘和光盘读取设备两大部分，常见的光盘和读取设备。如图 2.18 所示。

图 2.18 DVD 播放器及 DVD 光盘

光存储技术以其存储密度高、存储寿命长、非接触式读写和擦出、信噪比高以及价格低等优点成为数字媒体信息存储的重要载体。光存储技术可以按多种标准进行分类,如图 2.19 所示。

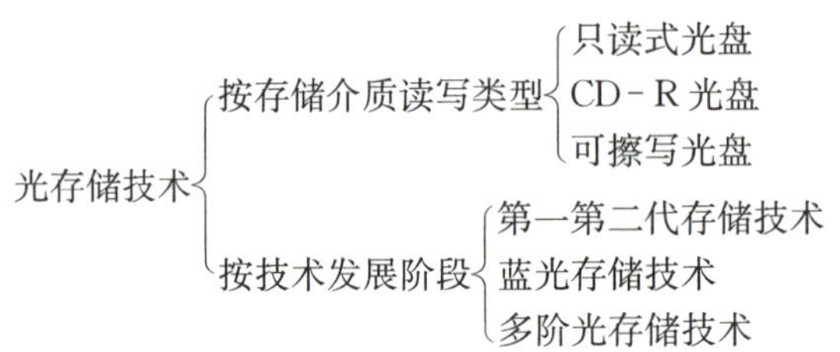

图 2.19 光存储技术分类

2.4.4 网络存储技术

网络存储技术具有安全性高、动态扩展性强的特点,是近年高速发展的技术,许多基于工业标准的网络存储方案在视频管理制作和播出等方面都已经得到了广泛应用。网络存储技术按照发展的先后顺序,可以分为以下几种。

1. DAS 和 SAS 技术

直接附着网络存储(Direct-Attached Storage,DAS),适用于由于早期的简单网络。典型 DAS 管理结构基于 SCSI 并行总线,存储设备与主机操作系统紧密相连。20 世纪 80 年代,出现了附着于服务器的存储,Server-Attached Storage,简称 SAS。SAS 和 DAS 类似,但使用是分布式方法并仰赖于局域网连接实现。SAD 和 SAS 的存储都直接依附于服务器,使用存储共享都是受限的。

2. SAN 和 NAS 技术

存储域网络(Storage Area Network,SAN),是存储技术与网络技术密切结合的产物,是一个用在服务器和存储资源之间的、专用的、高性能的网络体系,使用 SCSI－FCP 典型协议组,能为网络应用系统提供丰富、快速和简便的存储资源,又能集中统一管理网络上存储的资源,可以作为媒体业务管理的结构,也可以作为视音频播出服务器的网络化构架,成为当今理想的存储管理和应用模式。

附十网络的存储(Network Attached Storage,NAS),设备直接连接在网络上。NAS 包括一个特殊的文件服务器和存储设备。NAS 服务器采用优化文件系统,并且安装预配置的存储设备。由于 NAS 连接在局域网上,客户端可以通过 NAS 系统与存储设备交互数据,也可以通过磁盘映射和数据源建立虚拟连接。

SAN 以数据为中心，具有高带宽块状数据传输的优势，而 NAS 以网络为中心，更加适合文件系统级别上的数据访问。根据两者强烈的互补性，可以使用 SAN 运行数据库、备份等关键应用以集中存取与管理数据；而使用 NAS 完成客户端之间或者服务器与客户端之间的文件共享。

3. IP 网络存储技术

随着 IP 和以太网数量的激增，可以采用与构建互联网相同的基础支持对网络存储的需求。服务器可以在运行 TCP/IP 的以太网上安装 iSCSI 驱动，从而能够存取计算机上 SAN 中的数据块，可以利用基于 TCP/IP 的以太网来无限制地扩大存储容量和带宽，构建任何大小的网络以适应各种各样不同的存储需求。

2.5 数字终端技术

数字技术为媒体终端的融合提供了必要的基础，作为数字娱乐信息最终呈现给受众的介质，数字终端的融合已经成为必然的趋势。数字终端的融合既体现在应对各种媒体传播网络融合的终端融合趋势，也体现在把其他领域的新功能增加或移植到媒体传播网络终端上。三种最主要的数字终端分别为个人计算机、数字电视及机顶盒和手持移动终端。

2.5.1 数字电视终端技术

与模拟电视相比，数字电视节目更加清晰亮丽，画面细腻逼真，音质更好；节目内容更加丰富，消费者可享受各种特色和个性化的节目；个性化节目和特色服务频道将日益丰富；消费方式和习惯发生重大改变，变被动收看为交互收看和主动收看；数字电视机功能日渐强大，计算机和电视的界限进一步模糊。

数字电视终端按产品类型分类可以分为数字电视显示器、数字电视机顶盒和一体化数字电视接收机；按清晰度可以分为低清晰度数字电视、标准清晰度数字电视、高清晰度数字电视（HDTV）、全高清晰度数字电视（Full - HDTV）和超高清晰度数字电视（Ultra - HDTV）；按显示屏幕幅型可以分为 4∶3 幅型比和 16∶9 幅型比两种类型；按扫描线数可以分为 SDTV 扫描线数（600～800 线）和 HDTV 扫描线数（大于 1 000 线）等。

数字电视系统的主要技术包括以下几种。

1. 数字电视机顶盒技术

电视机机顶盒是指利用有线电视网络或公共通信网络，以电视机作为用户终端，用来增强或扩展电视机功能的信息化设备。具有相当计算能力和实时操作系统，能够提供易操作的图形用户界面，支持几乎所有广播和交互式数字新媒体应用。常见的两种机顶盒如图 2.20 所示。

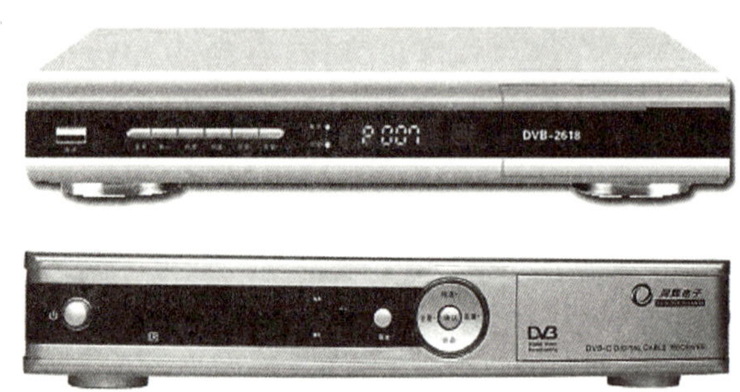

图 2.20 数字电视机顶盒外形

数字电视机顶盒的基本功能是接收符合 MPEG－2 和 MPEG－4 等数字电视标准的音频/视频信号，转换成为电视机能处理的信号。根据传输媒介类型，数字电视机顶盒可分为卫星数字电视机顶盒（DVB－S）、有线数字电视机顶盒（DVB－C）和地面数字电视机顶盒（DVB－T）三种，其硬件主要区别在于信号解码和解调部分。

2. 显示技术

显示技术是利用电子技术提供变换灵活的视觉信息的技术。显示技术根据人的生理和心理特点，采用适当的方法改变光线的强弱、色彩以及其他特征，以形成以字符、图形和图像等形式表现的丰富多彩的视觉信息。显示技术可以分为以下几个方面。

（1）显示器件。

显示器件依据不同的物理原理分类。有源显示器件是器件自身发光；无源显示器件靠外部光源的照射而实现显示。还有一些显示方法是利用光的折射、衍射或偏振来实现的。电子束管显示器件由真空中的电子束轰击荧光粉而产生光和色彩。矩阵控制的平板型显示器件分为电致发光显示、等离子体显示、发光二极管显示和液晶显示等类型，均是在电场的激励下实现显示。

(2) 显示设备。

显示设备是数字媒体信息，特别是图像与视频信息最主要的输出设备。按所用显示器件的不同，可以分为电子束管显示设备、平板型显示设备和投射型显示设备。显示设备已从阴极射线管(CRT)发展到了今天广泛应用的平板显示器(FPD)。CRT 具有亮度高、对比度好、聚焦精确、分辨率高和色彩鲜艳丰富等优点，但是体积大、厚且笨重。平板显示技术包括液晶显示器(LCD)和等离子显示器(PDP)等，特点是设备轻薄、辐射低等，但分辨率低、色彩不够鲜艳且价格较高。LCD 显示设备现在已经占据了主导地位。采用 CRT、LCD 和 PDP 技术的电视机分别如图 2.21 所示。

图 2.21　CRT、LCD 和 PDP 电视机

发光二极管(LED)大屏幕图像显示设备集光电技术、视音频技术和计算机控制技术等于一体，具有色彩鲜艳、亮度高、寿命长、视角大、视距远、面积大、适合于室内和室外安装等特点，广泛应用于娱乐、会展、广播电视等领域，如图 2.22 所示。

图 2.22　LED 大屏幕在展示、商业、宣传以及娱乐中的应用场景

以表面传导电子发射显示器(SED)和有机电致发光显示(OLED)为代表的自发光平板显示技术,因其可视角度宽广、响应时间极短、能耗极低、发光完全可控、黑色表现力强、生产成本低以及色彩鲜艳等优点,在手机终端、笔记本电脑等方面已经逐步应用。

(3) 显示软件。

在计算机控制的信息化显示设备中,显示软件是建立在计算机系统软件的基础上的一个重要组成部分。交互式显示设备的交互能力由图形软件实现。交互式图形显示软件一般由基本图形软件、专用图形软件和应用软件三部分组成。在显示系统的某些应用中,需要应用三维旋转技术。

(4) 显示系统。

显示系统指按照不同的应用,由一种或多种、一台或多台显示设备组成的提供视觉信息的电子系统。显示系统一般需要配备适当的输入装置和必要的记录设备,接受来自不同电子设备或系统的信号,以实现人-机联系和供事后查用。显示软件在智能化显示设备中十分重要。图形语言的标准化,对计算机显示的广泛应用有巨大影响,因此受到极大重视。

2.5.2　移动数字终端技术

随着数字新媒体无线和移动服务平台的迅速壮大，特别是移动数字媒体独特的信息获取与交流的优势，近年来手持移动数字终端发展势头凶猛，已经成为获得信息和媒体服务的重要途径。

1. 手机

手机是移动通信系统中的便携可移动通信终端。第一代手机（1G）是模拟手机，技术上类似于简单的无线电双工电台，通话频率固定且易于被窃听。从第二代手机（2G）开始进入数字手机时代，利用数字信号处理传输语音和数据，GPRS 和 WAP 等数据服务以及基于移动 Java 平台的程序扩展等功能。第三代手机（3G）是指融合移动通信与互联网多媒体通信的多媒体数字手机，能处理图像、音乐、视频流等多种媒体形式，提供包括网页浏览、电话会议、电子商务等多种信息服务。第四代手机（4G）集 3G 与 WLAN 于一体，并能够传输与高清晰度电视不相上下的高质量视频图像和音频信号，能够满足几乎所有无线服务的要求。手机的发展将偏重于安全和数据通信，一方面加强个人隐私的保护，另一方面加强数据业务的研发，更多的多媒体功能被引入。

2. 媒体播放器

MP3 播放器凭借着小巧体积和使用方便等优点，替代了磁带、CD 等音乐播放产品，迅速占领便携音乐播放器的市场。而结合了视频等播放的新一代个人数码娱乐终端 MP4，又取代 MP3 成为市场的主流。MP4 是在 2002 年由法国爱可视公司发布的，2003 年 9 月出现了第一款能摄像的 MP4。现在的 MP4 功能已经融入了数码相机、数码 DV、移动硬盘、MP3 和手机等多种数码产品，独立功能的 MP4 市场也在逐渐萎缩，典型的 MP4 播放器如图 2.23 所示。

图 2.23 常见的 MP4 播放器

3. 平板电脑

平板电脑是一种小型、方便携带的个人电脑，以触摸屏作为基本的输入设备，其触摸屏允许触控笔或数字笔而不是传统的键盘或鼠标操作，用户还可以通过内建的手写识别程序、软键盘、语音识别或者一个真正的硬件键盘输入信息，从而大大提高了应用的便利性。平板电脑由微软总裁比尔·盖茨于 2002 年提出，从微软提出的平板电脑概念产品上看，平板电脑就是一款没有翻盖和键盘、小到可以放入女士手袋，但却功能完整的 PC。

平板电脑本身内建了应用软件，用户只需按自然习惯通过触摸屏幕上书写的方式，就可以将文字或手绘图形输入计算机。平板电脑按结构可分为集成键盘的可变式平板电脑和外接键盘的纯平板电脑两种类型。虽然平板电脑的概念由微软公司提出，却是因苹果公司的系列平板电脑的推出而为众人所知，平板电脑的代表产品分别是 SURFACE 和 IPAD，如图 2.24 所示。

图 2.24　微软 SURFACE 和苹果 IPAD 平板电脑

2.6　数字媒体信息管理技术

随着数字媒体技术飞速发展和应用领域的不断拓展，数字媒体信息的安全性要求越来越高、数据量越来越大，内容也更趋复杂和多样化，对数字媒体信息进行高效的管理、存取、查询并确保信息安全性，已经成为越来越迫切的需求。针对数字媒体信息数据类型繁多和数据量大的特点，结合数字媒体技术与计算机数据库技术、检索技术与信息安全技术而产生的数字媒体数据库，以高效管理数字媒体信息。数字媒体安全技术建立在数字版权管理技术和数字信息保护技术基础上，起到安全传输数字媒体信息、知识产权保护和认证等作用，还为数字媒体信息的商业化流通提供了技术基础，也为数字娱乐产生的健康有序发展提供了坚实的技术基础和保障。

2.6.1 数字媒体数据库技术

数字媒体数据库是数字媒体技术与数据库技术相结合产生的一种新型的数据库，是指数据库中的信息不仅涉及各种数字、字符等格式化的表达形式，而且还包括数字媒体的非格式化的表达形式，数据管理要涉及各种复杂对象的处理。

1. 数字媒体数据库的特性与功能

数字媒体数据一般有格式数据和无格式数据两类。格式数据结构简单，处理方便。目前的关系数据库主要以格式数据为处理对象。图像、音频、视频等无格式数据除了具有数据量大的特性外，还具有复合性、分散性和时序性等特点。数字媒体数据的这些特点对有效地组织和管理数据提出了新的要求。

数字媒体数据库管理系统能实现数字媒体数据库的建立、操作、控制、管理维护，能将声音、图像、文本等各种复杂对象结合在一起，并提供检索、观察和组合功能。数字媒体数据库管理系统的基本功能应包括：能表示和处理复杂数字媒体数据，并能较准确地反映和管理各种媒体数据的特性和其相互之间的空间或时间的关联，能为用户提供定义新的数据类型和相应操作的能力；能保证数字媒体数据库的物理数据独立性、逻辑数据独立性和数字媒体数据独立性；提供功能更强大的数据操纵；提供网络上分布数据功能，对分布于网络不同节点的数字媒体数据的一致性、安全性、并发性进行管理；提供系统开放功能，提供数字媒体数据库的应用程序接口；提供事务和版本的管理功能。

2. 数字媒体数据库的构建

数据库描绘现实世界对象分为两个阶段，首先将现实世界的对象概念模型化并建立模型，再在概念模型的基础上将其转化成计算机支持的逻辑表示模型和物理表示模型。在实际应用中，数字媒体数据库的实现方法有以下三种。

(1) 关系型数字媒体数据库。

传统的关系数据库易于描述字符和数字等以符号为主要表达形式的媒体信息，但难以描述图像、视频、声音等数字媒体信息，针对这样的情况，可以在传统关系数据库中引入新的数据类型和新技术来描述和管理多媒体数据，实质上是对传统关系型数据库表达和管理能力的扩充，这种方法虽然容易实现但因其本身并没有建立在数字媒体信息描述的基础上，所以难以避免地存在数字媒体信息建模能力差，难以充分表达数字媒体信息之间的空间关系、时间关系和语义关系等特性，也难以实现基于内容的查询和检索。

(2) 面向对象的数字媒体数据库。

面向对象的数字媒体数据库采用面向对象方法基于的层次结构和继

承性的特点，来描述数字媒体数据并建立概念。因为采用面向对象的方法建立数据库模型，可以更好地处理复杂数字媒体对象的结构语义；便于支持新的数据类型及其操作；保持媒体数字媒体对象的独立，隔绝了数字媒体数据之间类型等方面的差异，非常易于并发处理以及数据库系统的扩充修改。

（3）分布式数字媒体数据库。

随着数字媒体信息数据量越来越大，数据类型越来越复杂以及不同数据之间的差异也越来越明显，若仍然要保持不同数据之间的关系，已经不能再用线性思想和方法来管理这种类型的数据信息，而要引入了信息块的概念，即将不同的数字媒体信息作为独立实体存在，采用非线性的网状技术组织和表示块状信息表现的数字媒体信息。链接和节点是分布式数字媒体数据库的核心概念，赋予分布式超媒体数据库描述数字媒体及其相互关系的强大能力。节点是信息的单位，可以包括各种数字媒体信息、链接组织信息，表现信息间的逻辑联系。

2.6.2 数字媒体信息检索技术

因为数字媒体信息数据类型的多样性和复杂性，难以有效描述其特征。根据基于文本检索技术的不足，直接对图像、视频、音频内容进行分析，抽取其特征和语义，利用内容的特征建立索引并进行检索，从而提出了基于内容检索（CBR）的技术。基于内容的检索突破了基于文本检索技术的局限，是数字媒体信息检索技术的发展方向。

1. 基于文本的数字媒体信息检索技术

文本检索仍然是最基本和最常用的数字媒体信息检索方式。基于文本的信息检索技术首先是人工分析数字媒体信息，以提抽取反映该媒体的物理特性和内容特性的文本信息，然后按照学科领域进行分类文本信息，建立类似于文本文献的标引著录数据库。基于文本的数字媒体信息检索技术建立在数字媒体信息外部特征的基础上，难以表达和揭示媒体信息的实质内容和语义。基于文本的检索技术通过关键字与数字媒体信息对象建立链接，并通过检索关键字获取数字媒体信息。

2. 基于内容的数字媒体信息检索技术

基于内容的数字媒体信息检索从数字媒体数据的内容及上下文语义环境中提取信息，如图像色彩、纹理和形状，视频镜头、场景和镜头运动，音频的音调、强度和音色等信息，以从数据库存储的大量媒体中查找具有相同或相似特征的信息数据。基于内容检索技术的检索系统在体系结构上划分为提取子系统和查询子系统两部分。

3. 基于内容的图像检索技术

图像是数字媒体信息中的重要内容，基于内容图像检索技术即专门以图像为研究对象的检索技术，这种方法将直接提取得到的图像视觉特征作为检索图像的依据。静态图像的低级特征包括色彩、纹理、几何形状和灰度统计特征等，而高级特征包括面部特征、表情特征、物体和景物特征等。动态视频的低级特征包括镜头切换类型、特技效果、摄像机运动、物体运动轨迹、代表帧、全景图等，高级特征包括描述镜头内容事件等。图像的这些特征都可以用数据的方式描述，并用作检索的重要参考。

4. 基于内容的音频检索技术

音频所包含的范围极其广泛，包括自然界的声音和人工声音。只有针对音频的属性提取音频数据的特征信息，才能分类和检索音频数据，即基于内容的音频检索方法。音频具有物理和心理两种相互关联的属性。物理属性与音频的波形有关，包括声强、频率、声波复合、谐波结构等属性。心理属性与人的生理和心理感觉有关，包括强度、音调、音色属性。针对语音、乐音和其他音频显著不同的特性，利用语音检索、音频检索和音乐检索。

2.6.3 数字媒体信息安全技术

数字媒体信息本身易于复制和传播的特性导致数字作品侵权更加容易，恶意攻击和篡改伪造数字媒体内容等问题也日益严重，应该引入数字媒体信息安全技术来提高数字媒体信息的安全性。

1. 数字媒体信息安全要素

数字媒体信息保护的主要目的在于安全传输、作者版权保护、消费者权利保护和防范病毒等，通常综合采用多种解决方案以达到安全和保护目的。数字媒体信息安全要素包括机密性、完整性、可用性、可控性和不可抵赖性等几个方面，其中前三项要素是基本要求。机密性是指信息不能泄漏给非授权用户并供其利用。完整性是指信息在存储读取或传输过程中保持完整。可用性是指信息可被合法用户按要求访问的特性。可控性是指数字媒体信息授权机构可以随时控制信息的机密性。不可抵赖性是指数字媒体信息的发送方或接收方不能抵赖所发送、传输或接收的信息。

2. 数字媒体信息安全技术

数字媒体信息安全系统通常以服务器/客户端的形式构建，数字媒体信息和授权信息集中于服务器，在传输数字媒体信息并进行授权时面对海量的客户端，往往还会涉及收费交易等因素，这些问题的解决都需要采用数字媒体安全技术。

(1) 数字媒体信息加密技术和数字签名。

数字媒体信息往往通过计算机网络传输，在传输过程中会遭遇多种安全问题，应用于计算机网络的安全技术自然也引入到数字媒体信息的安全性保护中来。与计算机网络安全技术类似，加密技术也是数字媒体安全技术的基础，为存储和传输中的数字媒体信息提供机密性、数据完整性、身份鉴别和数据原发鉴别等方面的安全保护，还能阻止和检测其他的欺骗和恶意攻击行为。数字媒体加密技术包括对称加密技术和非对称加密技术两种。加密技术使用相同的密钥加密或解密数字媒体信息，而非对称加密技术使用不同的密钥加密或解密数字媒体信息。数字签名技术使用散列函数对数字信息进行签名，在原始信息上附加数据以保证信息的完整性，认证发送者的身份。防止交易中的抵赖发生，是不对称加密技术典型应用。

（2）数字媒体信息隐藏技术。

信息隐藏利用人感觉器官对数字信息的感觉冗余性，将用作识别的信息隐藏在需要传输的原始信息中，隐藏附加信息后的信息引起的感受与原始信息并没有区别，使人无法觉察到隐藏的数据，也不会改变原始信息的本质特征和使用价值。信息隐藏技术包含隐蔽通道、隐藏术、匿名通信和版权标示等技术。隐藏技术把标识信息嵌入或隐藏在原始信息中，通常假设除信息发送方和接收方之外的第三方不知道隐藏信息的存在，只能用于互相信任的双方之间点到点的信息传输。

3. 数字水印技术

与信息隐藏技术相似，数字水印技术将比如作者信息或个人标志等信息，以人所不可感知的水印形式嵌入原始信息中，通过自然感官无法感知水印的存在，只有专用的检测器或计算机软件才可以检测，具有可证明性、不可感知性和稳健性等特点，是一种有效的数字媒体信息保护和认证技术。在数字媒体信息中加入数字水印可以确认版权所有者，认证数字媒体来源的真实性，以及识别购买者，确认所有权认证和跟踪侵权行为。

数字水印技术可以按照多种标准分类。按其稳健性数字水印可分为鲁棒数字水印、半易脆数字水印和脆弱数字水印。按数字水印所嵌入的原始信息类型可分为图像数字水印、音频数字水印、视频数字水印、文本数字水印、印刷数字水印以及网络数字水印等。按水印检测过程分为明水印和盲水印。按数字水印的内容分为内容水印和标志水印。按数字水印用途可分为版权保护水印、篡改提示水印、票据防伪水印和隐蔽标识水印等。

4. 数字版权管理技术

数字版权管理(Digital Rights Management，DRM)，DRM 随着电子音频视频节目在互联网上的广泛传播而发展起来，采取信息安全技术手段在内的系统解决方案，在保证合法的、具有权限的用户对数字图像、音频、视频等数字信息正常使用的同时，保护数字信息创作者和拥有者的版权，根据版权信息获得合法收益，并在版权受到侵害时能够鉴别数字信息的版权归属及版权信息的真伪，以保证数字内容在整个生命周期内的合法使用，平衡数字内容价值链中各个角色的利益和需求，促进整个数字化市场的发展和信息的传播。具体来说，包括对数字资产各种形式的使用进行描述、识别、交易、保护、监控和跟踪等各个过程。数字版权保护技术贯穿数字内容从产生到分发、从销售到使用的整个内容流通过程，涉及整个数字内容价值链。数字版权管理通过对数字内容进行加密和附加使用规则对数字内容进行保护，使用规则可以判断用户是否具有权限播放此内容，为数字媒体信息提供者保护其所拥有的数字资产免受非法复制和使用提供了技术手段。

DRM 的工作原理。首先建立数字节目授权中心，编码压缩后的数字节目内容，利用密钥加密的数字节目头部存放着密钥标识和节目授权中心的统一资源地址。用户在获取数字媒体信息资源时，根据节目文件头部的密钥标识和节目授权中心的统一资源地址信息，通过数字节目授权中心的验证授权后送出相关的密钥解密后浏览节目。数据加密和防拷贝是 DRM 的核心技术。需要保护的节目被加密，即使被用户下载保存，没有得到数字节目授权中心的验证授权也无法播放，从而严密地保护了节目的版权。加密保护技术在 DRM 中起着重要作用。比如，在互联网上传输音乐或视频节目等内容，这些内容很容易被拷贝复制，为了避免这些风险，节目内容在互联网上传输过程中一般都要经过加密保护。

DRM 技术无疑可以为数字媒体的版权提供足够的安全保障。但是它要求将用户的解密密钥同本地计算机硬件相结合，显然对用户而言，这种方式的不足之处是非常明显的，因为用户只能在特定地点特定计算机上才能得到所订购的服务。随着计算机网络的不断发展，网络的模式和拓扑结构也发生着变化，传统基于服务器/客户端模式的 DRM 技术在面临不同的网络模式时需要给出不同的解决方案来实现合理的移植，这也是 DRM 技术有待进一步研究和探索的课题。

第3章

娱乐经济下的数字化智能交互

数字化信息传播时代，娱乐产品依赖数字技术进行传播，数字化的电子传播发展壮大，造福了人类生活的诸多领域。娱乐产品又以数字娱乐产品为核心，形成完备的产业链，并与相关产业相互融合、相互影响。

娱乐产业属于第三产业——服务产业的一部分。娱乐的产业化经历了多个层次的发展过程，使得经济活动中娱乐成分增加：娱乐与传媒相结合使娱乐渗透到人类媒介生活的诸多方面；娱乐与教育融合迎来“娱乐性教育时代”，娱乐作为产业在社会经济结构中占有日益重要的地位。数字娱乐产业是随着技术的革新而发展的，其本身又是一种文化产业，使技术与文化相互融合，并借助新的传播方式与传播媒介而发展出新的娱乐经济。

交互设计，又称互动设计（Interaction Design，IxD 或者 IaD），是定义、设计人造系统的设计领域。交互设计的目的在于人机交互，即用户完成一些手势动作或按下功能按键，使得机器能够作出相应的被设计好的反应，而交互设计就是将操作简便化、生活化，并且使机器智能化、灵活化，或者说是将人类语言与机器语言一一对应。也就是说交互设计是通过外在媒介对人的知觉感官进行的延伸，并通过设计使得设计更加适应人的机能。

交互设计需要实现人工制品、环境与技术系统的相互结合。交互设计需要从用户角度出发，让产品能够更加易用、有效、使人愉悦，同时以满足目标用户以及期望为目的，分析研究用户的行为习惯，通过设计师与用户的彼此互动，最终设计出最舒适易用的产品。

3.1 娱乐经济

娱乐本身是一种文化的传承和分享，只不过娱乐和文化两者借助于不同的传播方式和传播渠道。根据情感承载方式的不同，人类娱乐大致可分为三类：一是为心灵愉悦而选择文化产品的文化娱乐；二是为身体愉悦而进行的体育娱乐；三是为驱逐不良情绪，“消磨闲暇时间”而进行的休闲娱乐。娱乐产业是以游戏、动漫等为主体的产业集群，以强烈的代入式、沉浸感和极强的渲染力来增强用户黏度，增加用户数量，从而营利。娱乐经济是文化经济和休闲经济的子集，是文化经济中的一种具有很强灵动性的收益，它的产业类别有属于文化经济的部分，也有属于休闲经济的部分；而休闲经济与文化经济又是交集，它们虽有重合但也有所区别。市场上的产品和服务相应地提供了娱乐功能且与娱乐活动相结合，进而形成娱乐经济，其核心在于创造内在的体验。

娱乐经济具有独特的形成条件及自身特点：生产力的发展带来了“后工业时代”，人类社会步入信息化，“后工业时代”的劳动者对于自身的幸福快乐更为关注，社会对冒险、创新的态度更为开朗、宽容，上述诸多因素导致娱乐经济逐渐形成并在国民经济中逐渐占有一定产值比例。

3.2 社交媒体的发展趋势

“社交”是关于人与人的交互。而“媒体”则是用于存储传送信息数据的技术。而社交媒体则是上述两个概念的整合，即促进人与人之间信息或数据交互的一种技术。社交媒体并非所有都是新的，有些技术跟随我们已有很长时间了，例如广播、电邮、电话等，都可用于单向交流。在人类的历史上，我们开发出各种简易的技术用于人与人之间的交流，这些技术各有不同：如电话会谈与微信交流、微博交互和优酷视频共享。这很容易让我们盲目追寻下一个创新技术，昨天是微博，今天是微信，明天可能会是完全不同的技术。事实上，讨论哪个更革命、哪个更愚蠢，并没有太多的意义。应用这项技术能做些什么、谁在使用这项技术、这项技术在帮助人们交流广告发挥了多大的作用，这才更重要。回望社交媒体的历史，各类平台此起彼伏，有些存活，而有些消亡了。一般来说，新的观念产生并发展生存着，却不一定能保证其是流行的平台；而有些观念一直存在着，却不一定一直是人们关注的焦点。

社交媒体(Social Media)又称社会化媒体，是一类给予使用者大范围参与性区域的现代化在线媒体，其拥有下列的特性：

(1) 参与度：社交媒体能刺激有兴趣的人们相对主观性地进行付出和反馈，其模糊了大众和媒体间的界线和限制。

(2) 公开性：大多数的社交媒体能免费加入其中，并且鼓励大家评论、反馈和分享信息。参与和利用社交媒体当中的内容某种程度上没有什么障碍。

(3) 交流性：传统的媒体采取的是“播出”的形式，内容由媒体向用户传播，进行单向流动。但是社交媒体的有利之处在于，其内容是在媒体和使用者之间的双向传播，从而形成一种沟通。

(4) 对话性：普通传统媒体是通过“演播”样式将内容单方向传递给用户。而社交媒体是被公认为有双向对话的特质。

(5) 社区性：社交媒体中，用户可以比较迅速地形成一个社区，同时通过影像摄影、消遣性话题或者影视剧集等共同的内容为话题，进行深入的沟通；

(6) 连通性：大多数的社交媒体均拥有强有力的连通性，通过链接，将多种媒体融合到一起。

社交媒体在 2011 年取得高速发展，其社会影响力与日俱增。此外，社交媒体的初级发展阶段已经结束，但如何在未来提升社交媒体在人类社会生活中的参与度和领导力仍需探索。社交媒体是基于群众基础和技术支持才得以发展。社交媒体正逐步以新的方式为用户提供全方位的体验。社交媒体的以下九个发展趋势值得持续关注。

1. 着眼于人

现代交互当下从“使用者”、“客户”和剥离，社会化媒体通过数字化互动将人的形式带入交互。在此过程中，人们趋于谨慎，例如在找寻自我的表现形式的时候，或者找寻有益链接以及具有相关性社区的时候。

2. 创造意义和价值

社交媒体与功能和应用不再相关，并且应用和功能已没有相对价值了。用户寄希望于获得有益于社会化媒体的真正有价值的意义。用户希望进行的社交活动可以更加有目的，并且进行有序。线上社会化媒体和线下社会化媒体本质上没有什么不同，无论是运用什么样的平台，用户均会想法维护自身的网络。这个情况下通过些许有意义的话题将这些人联系在一起，同时在自身制订的范围内展开沟通。经过这样的形式，用户可以在沟通中寻找到相关性。

3. 聚合平台

当人们面对来自多种渠道的交流时会感到困惑，所以必须要对他们赋以含义。那些能够将精美的设计、易用性和可搜索性整合在一起的公司将比其他社交媒体工具更重要。因为人们都希望按照自己的需求在网络生态系统中寻找自己生命的表现。

4. 构建真实的跨平台体验

苹果 iPhone 的操作体验让使用者和开发者耳目一新，Android 和 Palm 也在努力营造跨平台的应用和体验。在社会化媒体的新领域中，实验用户移动平台、无线和有线网络和实体生活之间的无缝转换。

5. 构建具有相关性的社会化网络

用户会构建、加入和找寻可以为其提供有体验经历的社会化网络。用户同时会对其投资回报、相关反馈、评价以及社会化网络的影响力和价值等进行权衡。

6. 在广告中创新

只有当广告发布者及其相关的生态系统真正理解，究竟是什么在吸引人们交流、寻找连接并进行表达后，他们才会不亏损下去。社交网络的下一个金矿就是定位特定人群。

7. 协助构建“传统”的社会化媒体生态环境

由于社会化媒体的存在，用户就要对原本没有穷尽的信息进行梳理和清理。而需要为影音文件添加标签、归纳语音会话、扩大对云计算技术的运用，同时使得搜索的结果将具有更好的关联性，这都将成为更高的需求。并且为出现这些问题而需找寻更好的解决方法的企业，辅助以更优的方案。

8. 取消地域界限

当然也有些许例外，先进社会化媒体用户均属于前期的用户。在未来，社会化媒体预计会吸引更加多的使用者，最后变为主导应用。这不仅在欧洲和美国，全球都将是这个趋势。各企业需要考虑和注重国家间的存在的差异，以满足不用的需求。

9. 为社会化媒体准备新的岗位

社会化媒体的下阶段将是带来大量盈利的机会。随着互联平台、社交网络等新型化的移动平台和定位功能的显现，更加多的个性化定制类广告将会出现。除此之外，合作搭档之间会出现更多元化的分成模式，同时线下实体生活与线上的社会化媒体将会更好地融合，比如通过虚拟产品辅助二维真实产品进行展示。

3.3 移动端交互的发展趋势

移动端又称移动通信终端，广义上指一切移动中使用的计算机设备，包括手机、笔记本、POS机、平板电脑，甚至车载电脑(见图3.1)。但大多数情况下指手机(尤其是智能手机)和平板电脑。

移动端交互是能够随身携带的，那么就要求移动设备轻便，所以将来移动设备会更加简单、便携，操作也会更加简便、易学易用，能够为更大多数的使用者接受。

未来，人与移动端的交互将是未来世界的一项主题，所以移动端可能变得“拟人化”，移动端在终端或云端可能存在强大的智能系统，可以模拟人的思维，与人进行交互。

移动交互的发展，一方面依赖于网络技术的愈来愈宽带化发展，移动

图 3.1　移动端交互示意图

设备可以步入真正的移动信息时代；另一方面，由于集成电路的飞速发展，移动终端的信息处理能力强，智能机的出现更使得手机从一个简单的通话工具变成一个综合信息处理平台。

从人本身而言，作为移动终端最主体的使用者，根据人的发展需求，随时随地不受地理位置地使用电子设备成为人的需要。移动端交互的发展具有以下趋势：

(1) 沉浸式体验，场景转换顺畅平滑。

(2) 更易上手的使用，通过多样的媒体形式引导新手使用。

(3) 根据人体的各项变化，结合可视化数据分析了解信息。

(4) 空间感更强的视觉效果，依据多屏载体的大视野需求。

(5) 简单化、个性化趋势，即一个设备完成一项精确的功能，如能检查人体脉搏的腕表。

(6) 功能集合化，各种各样的功能集合于一个设备中，不一定特别精细，能够满足日常生活与休闲娱乐即可。

(7) 云端化，终端设备只是担当显示器和交互工具。

(8) 静默化，随着人工智能越来越先进，机器能够感受到使用者的思维变化，主动进行交互。

(9) 用户时间的碎片化。造成人们对随时随地可交互的移动端交互更加喜爱、更多使用。

(10) 用户需求的多样化，造成交互的多元化。移动端的交互趋势主要是对用户心理的研究把握。现在大多数用户都有移动终端，如手机，而拥有两个及以上的人也不在少数，所以就用户而言，多个终端上的设备能够同步和相互显示，成为一个主要诉求。某些产品已经实现了这一点，比如一个苹果账号可以在所有苹果系列产品中使用。可是这还不够，我们期望身上的手表、手机、眼镜等能按需要相互推送信息，如天气状况、身体状况、信息、邮件、朋友圈新鲜事等。

(11) 移动端平台多样化。根据人们的需求设计多种不同类型的平台。如美团网，这一移动平台，为人们的出行提供方便。未来的移动平台将更加趋向于生活化、娱乐化。

(12) 终端载体丰富化。终端载体将趋向于多屏互动。如数字视频，用户可以选择在电脑上观看，出行时，可以切换到移动端欣赏。通过多屏互动的方式，可以轻松地在多终端进行切换。

3.4 硬件交互的发展趋势

人们对未来的交互期望：更简单、更自然、更高效。有人说，智能手机是人体的第六个感官。那么智能硬件可能是用户的感官延续。

微软公司曾发布一款键盘可以同时支持智能电视和电脑,希望把用户拉回到视窗时代(见图 3.2)。这里有一个问题,智能电视是否还需要键盘?因为智能硬件的到来,用户与设备的互动将面临全新的革命。传统的键盘和鼠标正在退出,触摸屏可能依旧还有一席之地。总而言之,巨大的变革正发生在智能硬件的交互上。

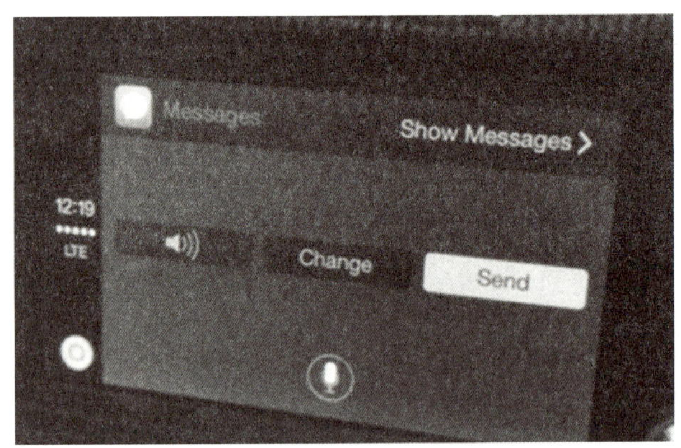

图 3.2　典型的用户界面

3.4.1　移动化硬件特征

智能硬件是结合软硬件来对传统设备进行改造,从而让它含有智能化的功能。功能的无限制扩展、产品的迅速更替,从而拥有自动感知和自主学习的能力。特征性智能硬件领域包含可穿戴设备、智能电视、智能家电、智能家居、车联网、智慧医疗、酷玩设备、物联网运用、机器人、无人机等。

不断变小的传感器，而密度不断变大的电池，它们的应变能力在增长。这种情况下智能硬件已经能够不仅仅受限于体积的变化。与此同时，移动设备正在不断轻量化。有些形式是可穿戴、有些形式是嵌入式。另外一些智能硬件是组合式，比如耐克与运动手表的合作产品以及其他一些运动设备等。综上所述，智能硬件已经可以随时随地为用户所用。

硬件时代，另一个显著特征是无线化。相比于过去，智能硬件可以通过无线蓝牙、3G/4G与互联网连接，而连接是设备智能化的基础。受限于智能硬件的存储能力和计算能力，它的数据和计算是分离的，需利用手机、路由器或者云端；交互显示则要利用手机、平板电脑、谷歌眼镜等，因为大部分的智能硬件没有屏幕。

3.4.2　交互革命下的硬件时代

第一代交互是手工作业交互，用户需要懂得计算机编码和手工操作的方法。后来陆续出现了的交互是根植于作业控制语言和命令行的，比如现今依然存在的Unix和CMD。而后用户图形界面(GUI)兴起，这也是现经正在运用的操作系统。WWW的出现将用户引入WEB应用和客户端的互动时代，IM、搜索引擎、门户网站、社会化媒体等。

现今已经进入了“智能云”的智能互动时代。交互正在发生巨大变革。2014年上半年在互联网领域就有几次经典营销和变革。搜狗发布智能输入环Typany，豌豆荚发布搜索神衣OneSpace，百度发布三个产品：筷搜、Dulifre梦幻手环和4D视频。这些产品虽然短期内无法完全应用于生活，但是它们体现了一种交互愿望：更简单、更自然、更高效。有人说，智能手机是人体感官的延续。

3.4.3 从案例看智能硬件交互趋势

(1) 智能手环：只有信息显示灯，使用敲击的方式进行交互。可以及时采集运动和睡眠情况，形成一种“被动交互”。使用者能在应用上查找数据、图表等，此外可以收到邮件以通知任务已经达到。闹铃、相关设定完成后，就会通过振动进行提醒，如图 3.3 所示。

图 3.3 智能手环

(2) 谷歌眼镜：使用者通过敲击、滑动、长按来开启它，需要连接进入无线网络，同时连接手机。同时新增两个互动：GoogleNo 语音和视觉交互。你可以直接对谷歌眼镜发送指令。如“显示天气”，还有眨眼拍照模式，甚至你可以戴着它盯着一件衣服，它会告诉你品牌、款式和价格，如图 3.4 所示。

图 3.4　谷歌眼镜

（3）智能电视：包含竞争激烈的整机型智能电视、智能盒子和影音棒等产品。对于智能电视而言，不仅仅是展播内容的革新，更重要的是生态客厅的构建，以及内容革命、客厅化娱乐和家庭型应用。相关的应用涉及信息消费、生活服务、家庭社交、娱乐产业和教育产业等。传统鼠标和键盘甚至触摸屏正在渐渐消失，用户需求不仅局限于观看节目，更重要的是内容消费以及使用电视应用。智能电视通过对电视的崭新定义带来了全新的电视互动形式，如图 3.5 所示。

图 3.5　智能娱乐家庭系统

（4）智能家居：智能电视可以作为智能家居一部分，例如智能家电、安防、灯光等。智能空调、智能门锁、WIFI 插座、智能灯光和智能地暖等，这些设施都有一个共性：大部分没有屏幕，通过手机控制，支持远程交互。未来实体化智能的家居应该是可以感知环境和用户，自动调整，达到全息智能，如图 3.6 所示。

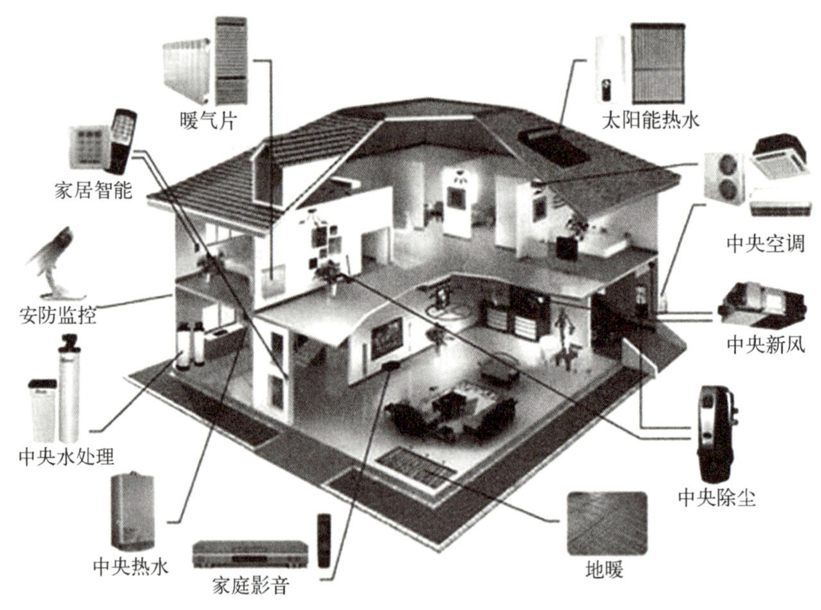

图 3.6 智能家居系统

(5) 智能汽车：智能汽车特斯拉就是使用触摸屏控制来取代传统操控平台。变化更大的是 AppleCarPlay，它基于 iOS 系统完成操作，实质上依旧是智能手机的触摸式为主控、语音为协助的互动。当然最前驱的是谷歌的无人驾驶汽车，使用者处于云端，没有传统意义上的司机，此设计可能与汽车互动，是基于大数据的自动调度系统。

目前普及比较多的是基于汽车的应用。车机，装在汽车里的设备，或者在手机上的专为汽车环境设计的应用。包括车载通信、娱乐、导航、车内环境控制、胎压监测、后向服务、空气监测等等。这些应用也有一个共性：支持语音，便于驾驶员解放双手。不过这却为语音交互提出了几个要求：抗噪、可靠、简单。因为汽车环境特征、驾驶中的交互时间和容错要求，这与其他环境有非常大的差别，如图 3.7 所示。

图 3.7　特斯拉电动汽车交互面板

（6）其他硬件：此外有代表性的智能交互硬件有嵌入到高尔夫球杆、球拍、滑板的智能运动教练；智能意念飞球、手杆；可编程感知平衡的 Sphero 飞球；酷玩应用、物联网系统、智慧医疗等产业，如图 3.8 所示。

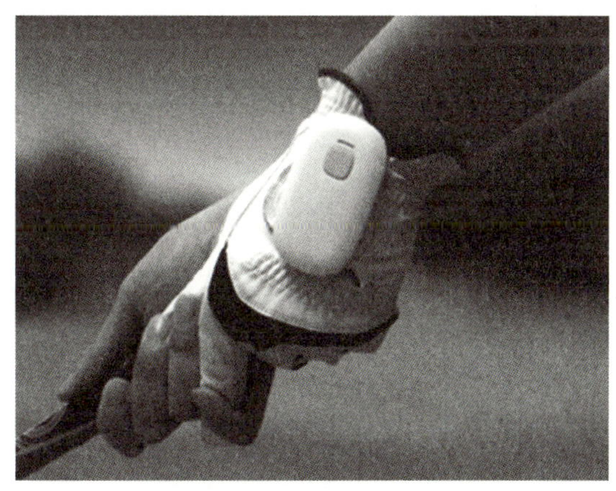

图 3.8　智能高尔夫系统

3.4.4 硬件交互趋同点

(1) 键盘、鼠标、视窗渐渐消失，触摸屏仅保留少量使用。

不再前倾(PC 时代)、不再低头族(手机时代)，转变为形态各异、随处可见的多姿态互动。

(2) 无需学习的自然交互。

击打、晃动、体感、运动、语音、图像，这都是人们与生俱来的能力。而智能硬件被当做活体生命，将拥有与人对话的能力和状态。键盘鼠标时代，使用者需要通过一些时间的练习和熟悉才可以使用产品。即使是智能手机，打字也是基于 QWERTY 键盘，触摸也有学习的要求，只是缩短了学习时间。

(3) 被动交互的发展趋势。

智能硬件几乎不存在“离线”“关机”这些状态。人和智能硬件的互动，多数时间不需要主动“输入”任何信息，使用者不需要直接接受反馈，依旧可以完成互动。例如人在走路时、在睡觉时，佩戴的手环可以记录自身信息；智能影像随时录制家庭视频；谷歌眼镜更是融入人们生活，随时交互。

(4) 协同交互。

用户是通过多屏幕、多媒体、多渠道等多种方式进行并行交互。而不再只通过单一界面与系统交互。

3.4.5 智能硬件互动趋势

智能互动时代：交互准变革，电脑和智能手机将让位。

移动端手机仍旧是核心：手机应用需要根据智能硬件重新进行设计。

无屏和多屏互动的未来：未来屏幕将无所不在，按需存在。

云端互动：远程控制、WEBOS、卡片应用、HTML5。

多媒体交互：动作、听觉和视觉。动作成熟，听觉语音趋于成熟、视觉还需时间。

个性化互动：LBS、时间空间维度的互动记录，大数据，个性化互动。

3.4.6　智能硬件互动要真正智能起来，还有不少挑战

连接是基础：蓝牙、WIFI、4G、红外以及定位，这些技术还在发展之中，有些是瓶颈，如4G；感知是能力：传感器、重力感应、压力感应、听、看，这些能力让硬件智能起来，还有一些感知还很不完善，如味觉、嗅觉。

智能则是最大的挑战，如：

技术成熟度：机器学习、深度学习、自然语言理解、语义理解、人机对话、需求预测、数据挖掘这些技术尚处于早期。在足够智能之前，智能水平与用户体验、可靠性有着矛盾。

智能化成本：不是所有开发者都具备智能交互的能力，第三方智能平台开放程度、模式和成本影响普及。

用户习惯：大家都认为搜狗输入法比五笔更加先进，但依然还有人在使用五笔输入法，习惯使然。同样，智能比传统交互更好，但需培养用户习惯，非一朝一夕，需要时间。

智能交互，用户接纳、厂商支持、技术发展是相辅相成的。以语音为例，最近几年语音玩家多了起来，有语音巨头，有互联网巨头，也有创业团队。大家都在不断改进提升自己的技术，并且将能力通过多元的方式分享给业界，甚至是完全免费。厂商将语音作为标配之后，即可以培养用户习惯提升市场需求，又可以为厂商提供语音数据帮助厂商升级技术，形成良性循环。视觉、体感等其他领域的智能交互或许也会走类似的道路。

第 4 章

新媒体艺术

数字艺术是指以数字科技的发展和全新的传媒技术为基础，将人类理性思维和艺术感觉巧妙融合一体的艺术。数字艺术作品在实现过程中全面或者部分使用了数字手段。数字艺术作品主要包括以下形式：录像及互动装置、虚拟现实、多媒体、电子游戏、卡通动漫、网络游戏、网络艺术、数字设计、电脑插画、电脑动画、3D动画、数字特效、数字摄影、数字影音等。

也就是说，数字化艺术是艺术和技术高度融合后的多学科交叉领域，涵盖了艺术、技术、文化、教育、信息管理等多维度交叉性内容。所以，基本上由信息科技制作而成的媒体设计，均可以归属为数字化艺术的范畴。

20世纪60年代发展并成熟的新媒体艺术，为艺术家全方位进行创作提供了新型的平台，并在90年代末步入全新的数字化艺术时代。

在全球，数字化艺术的迅速发展领导了新一轮的艺术化潮流，毫无疑问，数字化艺术产业将会是新世纪知识经济产业的核心产业。在美国，影视动画收益已经过百亿美元，成为经济支柱；而对于日本，众所周知其艺术媒体、电子游戏、卡通、动漫等作品是领先于世界，成为日本的第二大产业；而在韩国，数字内容产业已经超越汽车产业成为第一大产业。

4.1 信息时代背景下对“新媒体”的理解

在信息化传播时代下，“新媒体”主要指以数字化的媒体形式。新媒体是相对于传统媒体而言，是在报纸、广播、电视等传统媒体之后发展出来的新的媒体形态。它是依托于以虚拟现实技术、数字技术、移动技术、网络技术为技术手段，通过互联网、无线通信网、有线网络等渠道传输，以电脑、手机、数字电视等终端，向用户提供信息和娱乐的新的传播形态和媒体形态。

信息时代的技术革新速度加快了媒体的发展，丰富了媒体的形态。就近十年来看，新媒体呈现出四个特性：数字化、移动化、交互化和虚拟化。

从传播学的角度看，媒体是人类扩展、传达信息的一种物质形态，形象地说，媒体是人体的延伸，用以获取、传播信息，因此，从这个角度来看，新媒体和传统媒体是相似的，都是人类的“第三只手”。

这些新媒体形式区别于口语、文字、印刷传播时代下的媒介，大多数依赖数字信息化的电子技术与设备，使得信息在传播的量上激增。数字信息时代的新媒体突破了时空的局限，使得媒介渠道有新的发展。

Web2.0时代，新媒体表现出来的最大特点也是最大优势，就是交互性。新媒体是虽计算机、网络等技术的发展而逐渐强大的。它的便携、快捷使得它能够很好地存活在快节奏的生活当中。

4.2　新媒体与传统媒体的联系和区别

新媒体和传统媒体可以说是在竞争、也可以说是在补充。竞争来自市场，市场的优胜劣汰使得新媒体和传统媒体在互相拼搏中存活下来，然而本身的优势和用户习惯并没有让其中一方落败；新媒体和传统媒体又是互相补充的，传统媒体的资源占有率很高，在一些网路还未普及的偏远地区，广播、报纸依旧占有主导位置，对于一些流言，受众依旧愿意相信传统媒体。下面简要阐述一下两者的联系和区别。

联系：

(1) 目的相同，两者都属于媒体的范畴之下，都是通过它们各自的媒介形式向受众传递信息和娱乐。

(2) 两者都是需要各自的媒介作为载体进行传递。

(3) 无论新媒体还是传统媒体，信息传递的本质任务没有发生改变。这也是媒介的使命。在这种使命引领下，关注传播内容，以“内容为王”作为指向标，不会发生改变。

(4) 新媒体是在传统媒体的发展演变基础上发展起来的，没有传统媒体就没有新媒体。

区别：

(1) 新媒体与传统媒体的区别首先在于出现的时间。新媒体目前来说是一种新兴的事物，它的潜力还未被挖掘完，并且随着技术发展，它的潜力必然更大。其次在于依托的媒介，传统媒体以纸质出版物为主，不易修改因而严谨，新媒体则以网络为基础，快捷、随性，更加适合于个人，也有说法这是一个自媒体时代。

(2) 新旧本身在时间上是一个相对的概念。新媒体与传统媒体的划分多依赖于时间性，今日之新媒体完全可成为明日之旧媒体。对于收音机来说，电视可以算做新媒体；对于电视来说，互联网可以算做新媒体。

(3) 从空间上说，传统媒体与用户的互动性弱，而新媒体与用户的互动多样性。传统媒体往往受版面、时间的限制，而新媒体内容具有海量性的特点，且不受时间空间的限制。

(4) 新媒体与传统媒体的区别之一，在于应用平台的技术手段。新媒体大多依赖于数字化信息技术，采用数字化的编码形式。

(5) 从传媒渠道来看，新媒体是利用数字、信息化的技术手段通过各种数字渠道来传输；而传统媒体都是依靠人力、脑力的成果渠道进行传输。

(6) 接收渠道不同，新媒体的终端呈现数字化，多样化的形式，在接收时更加便捷、方便，不受区域的限制，而传统媒体的终端有很大的局限性，受时间空间的影响，呈现形式单一。具体而言，新媒体多以移动设备、PC 为接收端，而传统媒体多以电视、纸质等形态呈现。

(7) 内容结构上的差异，也可以认为是新媒体和传统媒体的最本质差异，传统媒体由编辑说了算，“把关人”设置比较明显；新媒体的内容则人人均可发布，也就是新媒体独有的“自媒体”性。

(8) 针对受众不同，传统媒介针对的是有使用传统媒体习惯的用户，年纪较大的用户，而新媒体大部分受众为年轻人。

(9) 传统媒体互动性弱，而新媒体有很强的互动性。

(10) 新旧媒体的经济趋势不同，由于新媒体各自的优势，新媒体正向着新的商业模式发展，不断更新，形成全媒体，而传统媒体局限性很大，经济模式单一，仅能靠发行量和广告的收入来维持。

(11) 从流动可靠性讲，新媒体形式多样化，使用渠道更加方便，灵活性强、流动性大，庞大的信息量满足用户群体的需求，但是准确性不够且可靠性相对较弱；而传统媒体保存时间久，用户资源相对稳定，基数较大，有很强的管理机制，宣传力度大，国家扶持较多。

4.3　数字时代的新媒体艺术

新媒体艺术是对传统主流艺术的一种颠覆和反叛，随着数字化时代的到来，全世界曾经主流的艺术形式已是过去的事了，传统的艺术空间在未来也将会“消解”。新媒体的发展及与人们的互动性，达到了任何艺术形式无法达到的程度，这是一个全新的颠覆和革新层面。

长久以来新媒体艺术一直处于边缘，不能够被主流艺术界所重视，新媒体艺术长期以来是作为当代艺术的分支，但其对当代艺术其实很具有挑战性，因为新媒体艺术将为艺术创作提供新的美学导向，并且设计者能够应用新媒体数字化技术通过多维度的空间来表现其观念，更可以调动参与者的多感官。

德国、美国、荷兰、奥地利等国家都已建立了相对成熟的媒体艺术博物馆。事实上，新媒体艺术从一开始就不是孤立的存在，与建筑、表演、商业、公共空间、科技等都有非常多的交集和联系，而且目前市场化的程度也非常高。

新媒体艺术在中国一定会有巨大的发展空间，如果说我们在运用其他媒介作为艺术表现手段时，经常会想到东方与西方、传统与现代之间错综复杂的关系，在新媒体艺术里，这些几乎不再成为问题。不管东方还是西方，我们用的是同样的硬件与软件、同样的操作方式与程序，都是有技术上共同语言的。

与传统媒介相比较而言，新媒体艺术另有一种感动观众的途径与方式，两者各有利弊，是相互补充而绝非相互取代。我们需要的是尽可能多的表现方式，而非某种压倒一切的方式，它只会形成新的单调和无聊。

新媒体艺术在传播与收藏等方面有三个鲜明的特点(见 4.3.1～4.3.3)。

4.3.1 新媒体成为一种工具

严格来讲，新媒体艺术在国内被频繁提及也就是近几年的事。现在各艺术院校都有意识加强新媒体专业的软硬件设施，细化了学科分类。新媒体作为一种技术手段不仅具有很强的社会实用性，而且可以加强和不同国家、不同院校之间的交流合作。需要指出的是：新媒体艺术创作与利用新媒体技术来实现市场商业需求，两者之间是有区别的。

新媒体牵涉更为复杂的学科范畴，囊括了科技、影视、动画、视听等专业领域，彼此互动。制作一件相对到位的新媒体作品需要一个团队甚至几个团队耗费大量人力物力及资金。在西方一些发达国家，从事新媒体创作的艺术家可以向政府或基金会申报方案，政府也有意识地扶持那些具有实验性的、边缘创作形态的当代艺术的生长，往往会投入一定比例的基金。国内新媒体艺术的发展，还需完善艺术基金的运作方式及其制度的建立，因至今还没形成一条较为完善的良性循环的收藏新媒体艺术的链条。

新媒体艺术确实与今天的生活更为接近。80后甚至90后的年轻艺术家，更加关注虚拟经济与虚拟文化的状态。新媒体艺术作品大多是以虚拟数字生活中的人工生命体来展现，是虚拟与现实的混合。这一年龄阶段的艺术家，从事新媒体艺术创作，大多把它作为唯一的创作媒介，而不是在从事其他艺术种类创作的同时进行新媒体艺术创作。

4.3.2 新媒体在未来会成为主流艺术媒介

新媒体在未来5年会出现巨大的变化，成为主流艺术媒介，新媒体艺术由于技术市场的细分会有快速的推进，会带来更加广泛和深入的发展前景。有两个指标：一个是光媒体、一个是移动媒体，作者比较看好光媒体与移动媒体都将给新媒体领域带来翻天覆地的变化。

新媒体艺术跟主流艺术的关系是比较密切的，因为新媒体艺术从来不是非主流艺术，其跟随科技进步而发展，一直是主流艺术。新媒体艺术如果在艺术问题和艺术逻辑上有推进的话，肯定会对主流艺术有所影响。

在一个多元并存的艺术现实之中，新媒体艺术与主流艺术之间是一种相互成长的关系。每个时代都有技术革新和科学进步带来的观念解放，这种观念解放跨越了既有的边界，这样的变化是新媒体艺术和其他类型艺术不一样的地方，新媒体艺术有很多艺术观念和艺术方法的有效表达与提升。

新媒体艺术动用的资金量比较大，所以与社会力量大规模的接触谈判也是势在必行的，新媒体艺术还跟很多政府部门、企业宣传有关系，所以它能够成为大众媒介关注的一些焦点，新媒体艺术进入品牌营销是很自然的，市场份额扩大并没有扩大传统方式占据的份额，新媒体艺术的维护保养费用高昂，实施起来难度很高，需要专业的技术人员来提供服务，新媒体艺术走入个人收藏还需要过程。

4.3.3 新媒体艺术是科学和技术的完美结合

新媒体代表了一种跨媒介、跨学科的实验方向。现在3D、4D数字艺术的多起来，交互感应的新媒体设计被广泛地运用在商业和科学的领域中。

新媒体艺术是艺术和技术的完美结合，通过数字化虚拟现实来重构真实世界，得以强调其互动感应。现今有许多沉浸式嵌入性的虚拟现实艺术作品，涉及领域涵盖建筑、雕塑、绘画、剧院、电影、摄影，甚至是全景图等之类历史性图像媒介。作为科学和艺术的完美结合，今日的数字化艺术是虚拟现实与图像世界的重组，可以深入地挖掘互动以及延伸图像潜在的美学价值。

4.4 新媒体艺术的形态

新媒体艺术在未来可能成为“火爆”的媒介艺术，新媒体是与科技有关的艺术，除了电子数字技术，生物技术也是重要的媒介方式。目前新媒体艺术作品在国内较少，自由艺术家中成为新媒体艺术家的技术和生存条件困难，高校里的新媒体艺术更多偏重于实用新媒体技术。

新媒体艺术只是对主流当代艺术媒介的扩展，任何新媒介的出现都会在短期受到关注，相应地，任何媒介也都会出现“烂”的作品，重要的是艺术家自身选择何种媒介来表达艺术价值和经验。新媒体的技术语言更有时代感和未来感，也具有可塑性和快速传播等特征。新媒体的技术也会带来区别于其他媒体的语言结构，这种语言结构将带来新的感受。

新媒体艺术与商业的联系主要是它的实用性，实用新媒体艺术更强调技术为大众商业的娱乐、产品宣传服务；观念类新媒体艺术更多的是借助科学技术表达思想感受，是当代艺术的范畴，商业实用的新媒体艺术市场前景会更大，这是无法阻挡的趋势。

而新媒体艺术的形态变化，基本可以与装置艺术的演变联系在一起。

4.4.1 装置艺术

装置艺术始于20世纪60年代，也称为“环境艺术”。作为一种艺术，它与60、70年代的“波普艺术”、“极少主义”，“观念艺术”等有联系。装置艺术，指的是设计师在特定的时间和空间环境里，将人类日常生活中的已消费或未消费的物质文化实体进行艺术性的有效选择、利用、改造、组合，以令其演绎出新的展示个体或群体丰富的精神文化意蕴的艺术形态。简而言之，装置艺术，就是"场地＋材料＋情感"的综合性展示艺术，如图 4.1～图 4.4 所示。

图 4.1　草间弥生

图 4.2　Louis Vuitton 之草间弥生概念店

图 4.3　装置艺术作品示例 1

图 4.4　装置艺术作品示例 2

装置艺术的发展与其他艺术的发展状况相似，均是受当时多类单一和复合的观念所影响，当然也被它自己发展的累积经验所促进。装置艺术渐渐在内在精髓、主题选择、文化演变、艺术进程、价值倾向、情感导向、操控方式等方面，展现出多元化的复杂状态。但是从整体看来，装置艺术的本质特性并没有随时间和环境改变。装置艺术加入了更多媒介，比如说电子产品。尤其是时下最盛行的 3D 投影。

装置艺术特点：

(1) 装置艺术是一个使观众置身其中的、3D 空间的"环境"，这种"环境"包括室内和室外，但主要是室内。

(2) 装置艺术是根据展览的现场环境，评估空间和具体现场人流量、物质基础等情况后针对性地设计和创新的艺术整体。

(3) 装置艺术的整体性即要去作品有比较独立的环境，特别是在视觉和听觉部分不应该受到其他作品和环境的干扰。

(4) 装置艺术的观众互动是很重要的环节，艺术其实是人们真实生活的延续与夸张。

(5) 装置艺术营造的环境，是促进展品来包容观众，观众在特定的环境内从被动的欣赏演变为主动的交互，这个过程要求观众不仅仅是思维积极参与和肢体的互动，更重要的是其他感官的参与：比如视觉、听觉、触觉、嗅觉，甚至味觉。

(6) 装置艺术并不受艺术分类的影响和限制，它可以融合艺术画作、建筑雕塑、音乐影视、戏曲杂谈、诗歌散文等使用的手法。所以，可以认为装置艺术是一种相对开放的艺术手段。

(7) 装置艺术作品为了刺激和活化观众，有时候会特意扰乱观看者的习惯性思维，而这些刺激观众感官的元素常常是经过夸张和异化的处理。

(8) 装置艺术就展览时间来说，一般是短期展览，而不是作为收藏的艺术。

(9) 装置艺术是可以变化的艺术。创作的艺术家可以在展览期间根据环境和参观人群等重新改变和组合作品。

4.4.2　互动媒体装置艺术

装置艺术是由后现代主义哲学思潮影响下衍生出的新兴艺术门类。装置艺术是人们生活的延伸，而如今的装置艺术已经开放到需要观众的介入和参与。装置艺术本身也在变化。互动媒体装置艺术属于新媒体艺术，具有技术含量高、人机互动强、美学价值高等特点。

目前，有部分的国内外艺术家开始研究和探索基于媒体的交互性装置艺术，并在此领域有了一些比较有效果的研究成果。这类艺术家在装置艺术的大概念下，运用新的交互媒介的设计方法，营造了大批量的新型互动媒体类装置艺术展品，这类作品展示方式丰富多维，给观众崭新的视听感受和交互体验。

互动媒体来自英文 Multimedia，multi 是"多重的"、media 是"媒体"，指我们用来表达信息的载体与方式，从字面上理解就是多种类媒体的整合。互动装置也称为交互装置，交互性互动是在传递上的一种多向的信息传递，这样的传递在低层面上是一种信息指令的发出和回复，在高层面上则是一种判断性信息反复。

1. 互动媒体装置艺术的发展特征

（1）20 世纪 50 年代：单一而原始的操作指令。

在任何一种设计中，计算机的引入都为其增加了新的活力。在此之后，计算机图形艺术渐渐成为一门独立艺术形式从其他艺术中分离出来。计算机图形艺术最早出现在 1968 年的伦敦计算机美术作品巡回展。在此同时，各种形式的电子类媒体进入人们生活：比如：影视艺术、数码图像、网络艺术等。在 70 年代，"多媒体"概念首次出现在计算机领域，当时它是单一而原始的操作指令，并没有真正的互动，而基于互动媒体的装置意识只是在作品中隐约出现。由此可以理解为互动装置艺术的原型，是建立在相应的计算机硬件平台上的人机交互。

（2）20 世纪 90 年代：交互方式出现艺术化趋势。

90 年代，随着计算机技术的发展，很多新媒体艺术作品以交互艺术的方式进行展现，为现今的互动媒体装置艺术的发展奠定基础。不同作者基于计算机硬件的承载来创作交互艺术，均是根据自然中的硬件装置媒介的特质为基础来进行的互动艺术，这种方式可以使得观众沉浸式地融入作品，成为互动作品的一部分。与此同时，很多高校和艺术研究机构致力于发展新媒体艺术，这些都是艺术活动的先驱，欧洲是以德国卡斯鲁尔的 ZKM、科隆媒体艺术学院、奥地利的 AEC、亚洲日本东京的 ICC 为代表；美洲则以麻省理工学院的媒体实验室为前驱者，澳洲的代表则是新南维尔斯大学美术学院。

(3) 21世纪至今：多类别、跨学科的整合。

在2001年由清华大学主办、清华大学美术学院承办的“艺术与科学”国际作品展暨学术研讨会上(见图4.5、图4.6)，著名学者李政道发言指

图4.5　由清华大学主办的“艺术与科学”作品与学术研讨会

图4.6　“艺术与科学”国际作品展暨学术研讨会之互动装置体验

明艺术和科学是不可分割的。两者的相同基础是人们的创新力、追求的目标是真理的普遍性。但是艺术与科学优势相对具有独立性，艺术是反映真实生活的，又是人类创造性的反映，与此同时是运用其独特的方式进行展现。由此在交叉学科相互整合的趋势下，衍生出新时代下两种交互方向：一是“沉浸式”交互，是需要观众通过肢体互动与展示装置进行交互；第二类是“界面式”交互，是观众通过界面对展示作品进行实时操作。在这两种方向中，“沉浸式”交互的空间占有率比较大。未来的发展趋势是在于能和空间有更好的融合，将空间整合到展示作品中。这也会整合到展示设计这个学科中，互动媒体装置艺术的形式感本身已经很好地形成了，因为其形式感已经很强，再附加媒体技术的表达力，可以将形式感与表现力很好地进行了融合。

2. 交互媒体装置艺术的发展趋势

交互媒体装置艺术涉及很多领域，是艺术发展有史以来结合专业领域较多的艺术形式。由此可见，学科融合是其未来发展的大趋势。时代的发展，数字艺术的壮大，人们需求的多样化造就了互动媒体装置艺术的发展，多学科的融合是其发展的必然(见图 4.7～图 4.9)。

3. 网络艺术

网络化艺术最大特征就是可以跨越时间和空间进行沟通和互动，不同地域的用户可以在不同地域以及不同时间，对不同展品进行交互。网络艺术作品的魅力所在也体现在这样的即时性和匿名现象所引发的许多

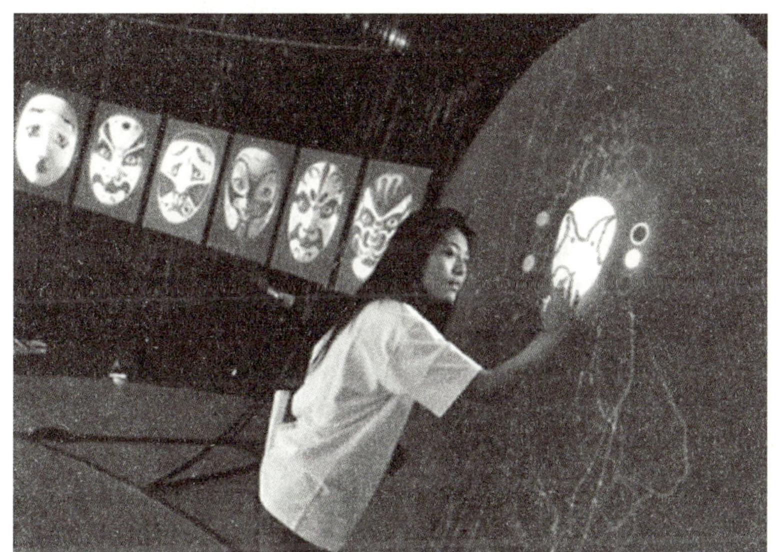

图 4.7　互动媒体装置艺术欣赏 1

图 4.8　互动媒体装置艺术欣赏 2

图 4.9 互动媒体装置艺术欣赏 3

不可预测的效果。

网络化艺术的特征：

(1) 交互性。

互联网最重要的就是其区别于传统媒介的互动性。网络新媒体技术是根据计算机体系为蓝本，用以实现信息生成、表示和通信的多种整合技术。网络新媒体能在互联网上以多种方法提供人与人之间的社会连接，其重要特征有：无处不在、进入门槛低、个性化和互动性强等。

艺术也是如此情形。互联网对于艺术也有革命性的价值，因为它是互动性非常强的媒体。互动性是基于互联网技术的网络媒体最基本的特征。传统媒介传递信息的方式是从发布、传播到接收的循环，而网络用户是不同于传统媒介的使用者,他们既是媒介信息的接收者,也是信息的参与者,甚至更是信息提供者。

(2) 易传播性。

网络艺术传播是以互联网为媒介而进行的艺术传播活动,借助于互联网将自己的艺术观念和作品及时地进行展示,并且与观众进行及时的交流。网络传播尤其是自身的开放性,从而使得传播速度拥有了一种在理论上是无障碍传播的效果。也就是说观众可以不受时间和空间的限制参与到最新的信息中。艺术作品可以在网上自由地进行传播,网络传播性赋予创作者更自由的传播渠道,赋予艺术作品更自由的展示空间。使得网络艺术相比于传统艺术有传播速度、传播范围和传播效率上的绝对优势。

(3) 虚拟性。

网络的虚拟性是网络的一个特征性特点,同时又是当代科技发展的一个新成果、新亮点,新飞跃、新起点。网络世界中,艺术作品不再作为客观存在的实际物体出现,网络艺术作品是因网络用户的行为而随时做出变化的。随着网络的发展与交互变化,虚拟现实的存在改变了传统艺术作品的陈列与展出方式,不再需要提供一个具体的、现实中的陈列空间来进行作品的展出与收藏,而且实体的作品也不一定需要出现,就完全可以以虚拟的形式来进行。网络艺术作品以 JPG、BMP、GIF、PNG 等图片格式存在。

(4) 开放性。

网络的本质之一即为开放性,这也是互联网的一种根本价值。互联网媒体的开放性显性化体现在互联网的艺术领域。这既是它可以为艺术家以及艺术创作提供自由空间和没有限制的宽容。互联网络也体现了最自由、灵活、开放的信息交流方式，它是遵循着一定意义上的资源共享原则而组建起来的。人们的艺术灵感得以交流、人们的艺术作品得以分享，网络给予艺术更大的开放平台。

第5章

数字视频传播

近年来，我国网络视频传播迅猛崛起，目前，已经基本形成一个充分体现媒介融合特征的图像传播格局。进入2005年，网络最大的发展之一是视频搜索工具的出现，这对于在线视频的应用产生了深刻的影响，网络内容越发立体而全面，更强调视觉冲击力。Youtube网站的建立，一夜之间，体育赛事、流行歌曲、社会生活，甚至是人们的疯狂自拍，均为百万大众广泛分享。内容丰富、形态各异的网络视频不仅展示了世界，也改变了世界。在美国互联网用户中，每周观看网络视频的观众数量由2006年的36%增加到2014年的89%，网络视频将成为人们重要的咨询来源。此后，中国的视频网站与视频频道应运而生，网络视频的使用率已达87%，用户量已达3.8亿人次，网络视频成为互联网中最具潜力的传播方式之一。本章试图对网络视频的制作过程，作一些探讨。

5.1 影片筹备

影片的顺利摄制，需要大量的筹备工作，通常我们称这一准备过程为前期筹备。这个阶段的大部分工作也的确应该在我们拍摄之前完成。在我们实际摄制中，筹备工作已经变成一个连续的过程，可以一直延续到剪辑甚至最后的发行阶段。筹备工作需要不断持续进行，很大程度上是由于影片制作的相关因素不断产生变化，并且这些变化会带来一系列连锁反应。

例如，微电影《所罗门箴言》的拍摄过程中（见图 5.1），摄制组已经获得一个医院急诊室的拍摄许可，但拍摄日急诊室接到病危病人，医院临时拒绝拍摄，这就迫使摄制组必须调整拍摄时间；另外，影片拍摄过程中，需要的儿童演员临时决定要改为周末拍摄，与既定拍摄时间不符，剧组又必须作出选择，放弃这名演员，或者更改拍摄进度来配合演员的时间安排。剧组需要做到的是，尽可能地在拍摄前做好全面的筹备，同时为不可预期的变动预留一定时间和预算。

学生们通常对于影片筹备过于敷衍。由于院校能够为学生拍摄作品

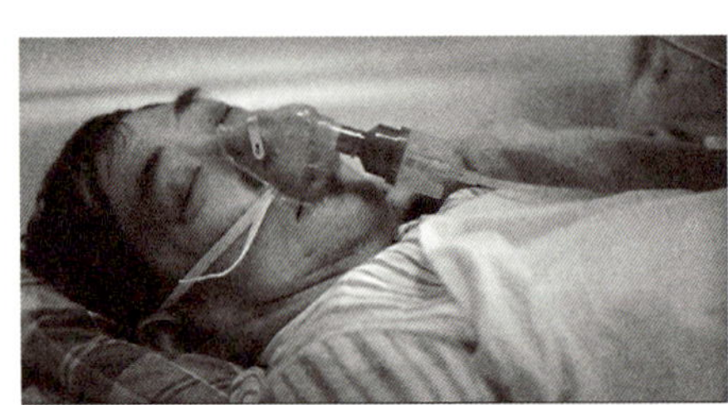
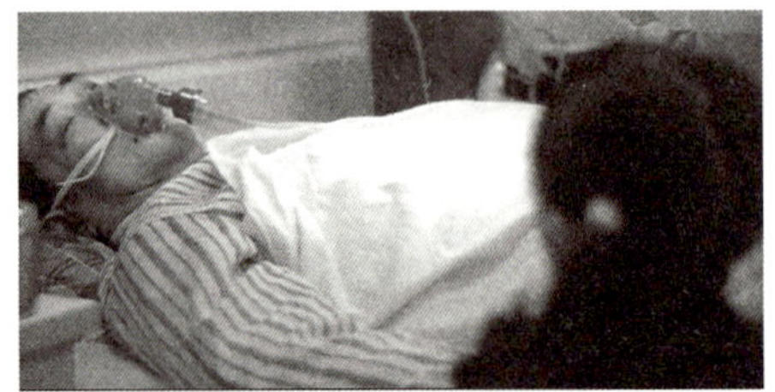

图 5.1　微电影《所罗门箴言》医院拍摄花絮

给予设备上的支持，剧组工作人员也大多是同学，学生们不需要支付人工费，也不必面对甲方的苛刻，因此学生们不会像一般影视从业者那样遇到财务问题。虽然前期案头工作比较令人乏味，但不论对于学生还是成熟的影视从业者，准备工作都是拍摄阶段顺利推进的必要条件。例如，在《安顺控股集团》宣传片拍摄过程中，某个演员服装不到位，产生穿帮，耽误了一整天的拍摄进度；拍摄日餐饮预定的疏漏，也会导致整个团队啧有烦言。如果你希望成为一位专业的影视从业者，提升自己在行业市场的价值，就必须了解影片筹备过程的复杂性。

5.1.1　剧本分解

当剧本已基本确定（见图 5.2），不需做大幅度修改时，就可以开始着手将剧本中许多元素抽离出来，从而提高影片筹备过程的工作效率。负责分解剧本的人，需要熟读剧本，然后标记出拍摄相关的有效元素，比如主要演员、临时演员、道具、布景等。

例如微电影《身份的留白》中（见图 5.3），一场餐厅里的戏，剧本上内容为男女演员共享晚宴，需要标注出餐厅、男演员、女演员。尽管剧本分解所需要的元素（如角色、场景）有些可以在剧本中找到，但也有许多隐藏元素。这场戏还需要标注的元素有进餐用的餐具、装饰蜡烛、男女演员特定晚礼服等。这些元素通常不会在剧本中明确写出，但是却是餐厅这个环境中必不可少的，创作者必须确认场景中出现的这些小道具，并将他们一一列出。

道具：
货车八辆
瓜子
小土狗
木质矮桌
香烟

演员：
食堂大妈
老张
老李
车队队长
男孩

第一场
外景 货车队院内
镜头 1 大全
空中飘着零星雪花，院子里停着七八辆空货车，食堂的大妈蹲在伙房门口嗑瓜子。院子里的树枝粗细各异，错落有致，一只小土狗在树下刨土。
镜头 2 中景
老张和老李坐在院子的矮桌上打牌，队长走过来，递给老张一根烟，说："老张啊，你等会儿送货的时候路过六安，能不能顺路把我儿子带回老家，年底了，车队人少活多，我这几天走不开，这小子又咳的厉害……"
镜头 3 近景
老张探头向屋子里看，男孩依靠在门边，瞪着圆圆的眼睛看着他。老张说："行，你放心。"

图 5.2 微电影《身份的留白》某场剧本

图 5.3 微电影《身份的留白》截图

利用剧本分解后的资料，就可以制作出一份剧本分解表(见图 5.4)。剧本分解表是影片整个拍摄过程非常重要的组织文件。它列出每一个拍摄场地所需要的各项要素。通常同一场地若干场戏会集中拍摄，而非按照剧本中的顺序拍摄。这种方式可以减少置景和运输的次数，节省大量

剧本分解表

篇名：新衣　　**导演**：Tony　　**场次**：第一场

时间：白天　　**季节**：冬日　　**制片**：Amanda

内容：年底，车队人少，队长拜托老张在送货的路上把他生病的儿子带回老家，老张答应。

演员通告： 李秀琴饰食堂大妈 王明海饰车队队长 张翔饰老张 曹波饰老李	道具： 货车8辆 瓜子 小土狗 木质矮桌 香烟
演员动作： 食堂的大妈蹲在伙房门口嗑瓜子。 老张和老李坐在院子的矮桌上打牌，队长走过来，递给老张一根烟。 男孩依靠在门框	演员台词： 队长：老张啊，你等会儿送货的时候路过六安，能不能顺路把我儿子带回老家，年底了，车队人少活多，我这几天走不开，这小子又咳的厉害。 老张：行，你放心吧
化妆师： 秀秀	场景： 较空旷的院子，相对简陋，有若干树木
服装： 休闲装，需符合货车司机身份，服装需适当做旧	镜头备注： 标景，小广角

图5.4　微电影《新衣》剧本分解表

经费。

利用剧本分解表，各部门能够有针对性地展开工作，例如，服装师根据表中涉及的服装款式和数量筹备服装；副导演根据表中拍摄安排，开始联络演员（见图 5.5、图 5.6）。

拍摄日程表

篇名：新衣

导演：Tony

日期	时间	场次	情节	拍摄地点	演员	道具
11.4	下午 3:00	3	老张在泥泞山路艰难前行	山区小路	老张 男孩	水壶
11.4	下午 4:00	5	老张安抚男孩	货车上	老张 男孩	水壶 饼干
11.4	晚上 7:00	9	男孩晕倒	路边小餐馆	老张 男孩 群演	餐桌 饭菜

图 5.5 微电影《新衣》拍摄日程表

5.1.2 安排进度

通过分解剧本，能够有效地整合出拍摄进度，制作拍摄日程表。拍摄日程表是拍摄日极重要的指导文件。拍摄日程表会列出拍摄过程中每一天所要完成的进度。由于同一场戏通常安排在一起集中拍摄，所以可以通过分解剧本来设计不同场地的工作日程。正常情况下，外景拍摄往往会比内景拍摄先行安排，因为拍摄外景的同时可以布置或搭建内景。外

拍摄通告

片名：新衣		日期：11 月 4 日	
导演：Tony		拍摄地点：艮山西路 116 号	
演员	**角色**	**化妆**	**拍摄时间**
李秀琴	食堂大妈	7:30	8:30
王明海	车队队长	7:30	8:30
张翔	老张	7:00	8:00
曹波	老李	7:00	8:00
许可	男孩	8:30	9:00

工作人员	报到时间		
摄影师	6:30	电工	6:30
灯光师	6:30	场记	7:00
灯光组	6:30	录音师	7:40
化妆师	7:00	摄影助理	7:00
道具负责人	7:00	机械员	7:00
服装师	7:00	场工	8:00

图 5.6　微电影《新衣》拍摄日程表

景拍摄受天气制约，如果天气有变，可以由外景转成内景拍摄，节约时间成本。如果内景戏已全部拍完，就只能等天公作美。

每日通告表也是另一个进度工具。通告表通常会公示在拍摄地点，让所有人都知道报到时间和地点。较简单的通告表会列出当天所有演员，化妆时间以及该出现在拍摄现场的时间等信息。有的还会在化妆、服装、道具上做出特别的要求说明。

5.1.3 预算

在影片制作过程中，预算是影片质量的决定因素。评估一部影片的开支必须非常精确。通常而言，预算是以剧本为依据的，但有时预算也会对剧本有影响。例如微电影《所罗门的箴言》拍摄过程中，原本剧本中有两场戏发生在巴厘岛海边，最初预算中网络视频制作就要算入团队所有人员前往巴厘岛拍摄的全部费用。但是预算有限，导演就需要作出妥协，选择附近的深圳海景替代(见图 5.7)。通常在资金到位之前就要先把预算列好，在展开拍摄之后，预算和剧本之间往往会相互影响和修正。

图 5.7 微电影《所罗门的箴言》截图

影片的预算(浙大网新科技园微电影预算，如图 5.8 所示)可大致分成人工费和制作费两大类。人工费通常包含编剧的薪资、执行制片、导演的薪水以及演员的报酬。制作费通常包含拍摄现场付给工作人员的薪资，器材租赁费、布景、化妆、服装、道具、交通、后期剪辑等开销。最后还需要预留出 10%的金额作为备用金，用来应对一些不可控因素，尽量避免耽误影片拍摄进度。

浙大网新银湖科技园微电影制作预算表/ COST BREAKDOWN

项目名称:	浙大网新银湖科技园微电影制作预算明细表	表号:
项目工作号:		编制日期: 12.20

序号 №	项目 ITEM	DESCRIPTION 概略	预算金额/Budget 直接成本
A	制作人员/PRODUCTION CREW	小计	**52,300.00**
A1	制片/PRODUCER	前后期全程	6,000.00
A1	导演/DIRECTOR	调研、剧本创作、前期与后期(全程)	10,000.00
A3	摄影师/DIRECTOR OF PHOTOGRAPHY	3天	6,000.00
A4	副摄影/ASSISTANT CAMERAMAN	3天	3,000.00
A5	摄影助理/CAMERA ASSISTANT	3天	2,000.00
A6	摄影组/GRIP	3天(多人)	2,000.00
A7	航拍师/SOUND MAN &ASSISTANT		
A8	灯光师 /GAFFER	3天	6,000.00
A9	灯光组/LIGHTING CREW	3天(多人)	6,000.00
A10	美术师/ART DIRECTOR	全程	6,000.00
A11	化妆师/MAKE-UP ARTIST	3天	1,800.00
A12	道具组/PROPS CREW	前期	1,500.00
A13	场工/LABOUR	3天(多人)	2,000.00
B.	演员/TALENT	小计	**46,000.00**
B1	主要演员/MAIN	2人 三天	40,000.00
B2	次要演员/SUPPORTING	多人一天	5,000.00
B4	临时演员/EXTRAS		1,000.00
C	器材/EQUIPMENT	小计	**44,800.00**
C1	高清数字摄影机德国阿莱ALEXA全套	7000元x3天	21,000.00
C5	移动车和轨道/DOLLIES AND TRACKS	3天	1,800.00
C6	升降机/CRANE	3天	7,000.00
C7	斯坦尼康/STEADICAM	3天	3,000.00
C8	航拍器材/SOUND EQUIPMENT	3天	6,000.00
C9	灯光器材/LIGHTING/GRIP EQUIPMENT	3天	6,000.00
H	道具/PROPS	小计	**5,000.00**
H1	道具购买/PROPS PURCHASE		3,000.00
[illegible]	道具租用/PROPS RENTAL		[illegible]
I	造型/STYLING	小计	**3,000.00**
I1	服装购买/WARDROBE PURCHASE		3,000.00
J	后期制作/Post-Prod	小计	**65,000.00**
J3	粗剪/OFF-LINE EDITING		15,000.00
J4	精剪/ON-LINE EDITING		20,000.00
J5	电脑动画/CG PRODUCTION		10,000.00
J7	校色		20,000.00
J11	其他/OTHERS		

序号	项目	概略	直接成本
B.	演员/TALENT	小计	**46,000.00**
B1	主要演员/MAIN	2人 三天	40,000.00
B2	次要演员/SUPPORTING	多人一天	5,000.00
B4	临时演员/EXTRAS		1,000.00
C	器材/EQUIPMENT	小计	**44,800.00**
C1	高清数字摄影机德国阿莱ALEXA全套	7000元x3天	21,000.00
C5	移动车和轨道/DOLLIES AND TRACKS	3天	1,800.00
C6	升降机/CRANE	3天	7,000.00
C7	斯坦尼康/STEADICAM	3天	3,000.00
C8	航拍器材/SOUND EQUIPMENT	3天	6,000.00
C9	灯光器材/LIGHTING/GRIP EQUIPMENT	3天	6,000.00

H	道具/PROPS	小计	5,000.00
H1	道具购买/PROPS PURCHASE		3,000.00
H2	道具租用/PROPS RENTAL		2,000.00
I	造型/STYLING	小计	3,000.00
I1	服装购买/WARDROBE PURCHASE		3,000.00
J	后期制作/Post-Prod	小计	65,000.00
J3	粗剪/OFF-LINE EDITING		15,000.00
J4	精剪/ON-LINE EDITING		20,000.00
J5	电脑动画/CG PRODUCTION		10,000.00
J7	校色		20,000.00
J11	其他/OTHERS		
L	音乐/MUSIC	小计	7,000.00
L1	作曲/MUSIC COMPOSITION		7,000.00
L2	歌手/SINGER		
L3	资料音乐使用权费用/LIBRARY MUSIC USAGE FEE		
L4	音乐使用权费用/MUSIC ROYALTY FEE		
L5	其他/OTHERS		
M	制作准备/PRE-PRODUCTION	小计	1,000.00
M1	制片材料/PRODUCTION MATERIAL		
M2	分镜脚本/STORYBOARD		
M3	演员试镜/CASTING SCREENTEST		0.00
M4	选景/LOCATION SCOUTING		
M5	住宿/HOTEL ACCOMMODATION		
M6	交通/TRANSPORTATION		1,000.00
M7	其他/OTHERS		
N	餐饮/CATERING	小计	2,000.00
N1	前期工作餐/PRE-PROD WORKING MEALS		500.00
N2	后期工作餐/POST-PROD WORKING MEALS		1,000.00
N3	拍摄日/SHOOTING DAYS		500.00
N6	其他/OTHERS		
O	运输/TRANSPORTATION	小计	2,900.00
O1	摄影车/CAMERA VAN		800.00
O2	工作人员车/PRODUCTION VAN		700.00
O5	灯光卡车/LIGHTING TRUCK		700.00
O6	摄影器材卡车/GRIP TRUCK		700.00
R		合计/ PRODUCTION SUB-TOTAL（含税）	269,000.00

图 5.8 浙大网新科技园微电影预算

5.1.4 选景和布景

外景的探勘与影片拍摄的画面效果有直接的关系。通常导演、摄影指导和艺术指导会相当重视外景的选择，导演可能会预先安排外景勘查者（可能是执行制片、美术师或摄影指导）去寻找合适的地点，并从中作出筛选。外景勘查者会拍摄大量的勘景照片，与导演和主创人员进一步决定拍摄地点。大部分导演都会亲自前往所要拍摄的地点，看看是否符合影片需求，考量可能会遇到的各种问题。

导演必须很谨慎地勘查所挑选地点，以确保拍摄顺利。如果在户外拍摄或在室内利用自然光作为主光源，就必须先确定采光情况后再安排拍摄进度，因为太阳的位置或阴影很可能造成问题。例如一场竹林的戏，下午4:25夕阳光线最美，如果拍摄进度稍有疏忽，就会错过最佳光线。同样，摄影指导也需要测试一下不同镜头和不同光线所带来的效果；录音师需要去探听一下拍摄现场的环境声音。另外还有许多因素需要考虑，比如汽车停在哪里？是否有电源可以接？是否已取得拍摄地的许可？使用景点、居民住宅、商场或写字楼，也都需要取得拍摄许可同意书（见图5.9）。

拍摄许可同意书

在此授权XX剧组使用位于XX的地产样板房作为影片拍摄和录音场地。本合约的许可内容包括，但不仅限于有关演员、工作人员、设备、道具及临时布景有权进入该处产业，拍摄工作完成之后，所有带入此处产业的物品均需清除搬离。

负责人签字：

单位公章：

日期：

图5.9 拍摄许可同意书范本

在摄影棚内搭景拍摄的主要原因是其有极高的可控性。如不必为太阳的位置而烦恼，早上八点拍的全景和下午五点拍的特写也不会走戏。你可以按照自己的意图摆放道具，也不必担心围观的群众干扰拍摄。如果拍摄周期较长，摄影棚也会带来便利，因为你可以把设备器材留下来，不必每天装箱打包。另外一个搭景拍摄的理由是，你无法在真实环境中找到所需要的场景。例如《开开木门》广告中，客户新推出的款式尚未投入市场，所以需要搭景拍摄新产品，如图 5.10 所示。

图 5.10 《开开木门》搭景试光现场

对于低成本影片而言，搭景拍摄比使用外景要昂贵，因为外景可能是免费的。对专业剧组而言情况则可能相反，因为演员和工作人员的薪资才是预算的重头，辗转各地所耗费的时间，随之而来的交通和住宿费支出，反而会超过在摄影棚拍摄的费用。

当决定在摄影棚内搭景，美术师需要作出平面图和立面图(见图5.11)，同时考虑导演、艺术指导、摄影师的意见。布景设计图经过导演审核后，就可以开始搭建了。搭建工作是繁琐且冗长的，而且必须在拍摄前完成。整个过程类似家庭装修，另外，还要考虑到布景的坚固性，影片中不需要打开的门可以比较简单地装上，但如果演员们需要打开使用的门，就一定

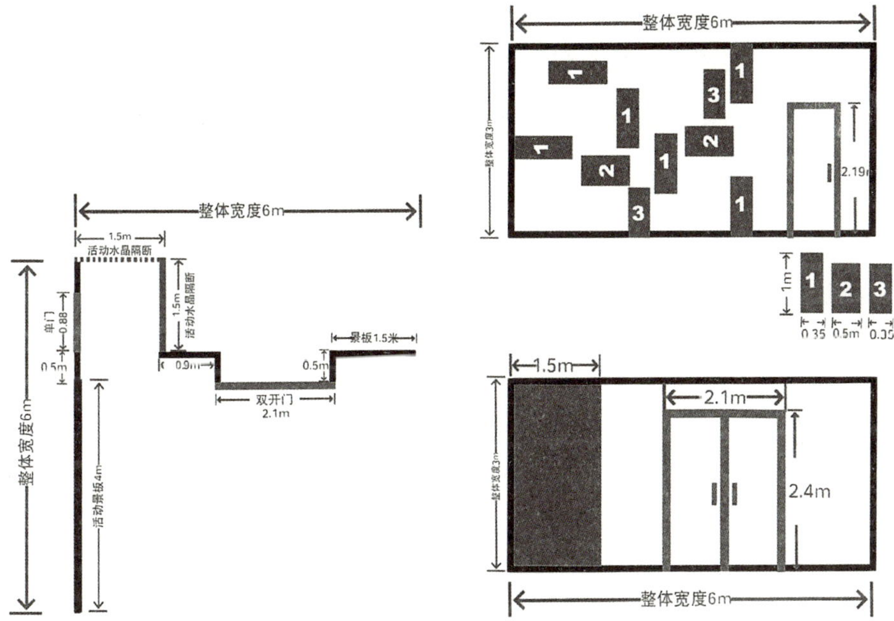

图 5.11　《开开木门》广告平面布景设计图

要有牢固支撑。布景装饰也是场景设计的一部分。花盆、烟灰缸、枕头、台灯等烘托气氛的小道具也是必不可少的。如果你拍的是个年代戏，那么美术师和道具需要在这些细节上做足功课，以确保布景装饰符合特殊的时代和地点要求。如果全部道具都重新购买，会大大增加影片成本，即使是专业的影视制作团队也常常会和二手商或租赁公司交涉协商，或是搜寻各自家中的物件。

5.1.5　化妆、服装、道具

化妆、服装、道具的需求，会根据影片的内容在筹备阶段就予以考虑。

初学者往往会忽视这些方面，认为演员可以自己处理好发型和服装，但实际拍摄完成的效果总是不尽如人意。化妆、服装、道具首先要注意的是确定演员在时间相连的场次中要穿相同的衣服、保持相同的妆容。如果一个新演员无意中把胡子刮掉了，前后戏无法衔接，那就只好停工两周去等待他的胡子再长出来。专业剧组会相当注重这些细节，即使是发生在现代的戏，演员的服装也需要精心地设计与搭配，用来烘托人物形象，使之符合剧中身份定位。表现主义的作品中，许多人物服装和化妆都需要专门设计和制作，例如短片《邮梦人》的场景设计，与影片基调非常贴合。具有时代特征的作品往往需要提前很久就开始设计、定制服装。如果人物需要特殊造型，也需要提前预约特效化妆师。

5.2 拍摄现场

在拍摄现场，导演不仅要决定拍摄的内容，还需要决定拍摄的方式。简单地说，前者是考虑在摄像机前做什么，后者则是决定如何操控摄像机去拍摄。电影学家引用一个法语专用名词——场面调度，来形容导演在照明、布景、化妆、服装、道具上的控制。导演在筹备阶段或在开始录影前都可以做场面调度，例如在开机前的最后时刻决定演员走位，或是对光线进行调整。通常导演会以监视器为重要参照，从监视器中监看画面，再进行调整。当场面调度确定后，导演和摄影师会把更多的注意力集中在画面构图和演员表演状态上。

5.2.1　镜头选择

在拍摄现场，一个与构图相关的部分就是镜头的挑选，或者是变焦镜头上焦距的设定。镜头的选择会决定被拍摄物在视觉和心理上给人的距离感。同样，焦点的设定也能引导观众的注意力。

以微电影《Make the change》为例，标准镜头（见图5.12、图5.13和图5.14）可以表现与人类眼睛类似的视野，所以通常被认为不具备视觉表现力，但也是最写实的镜头，最真实的还原被拍摄物生活中的状态，而且标准镜头所拍摄的场景失真度也是最小的。

图5.12　微电影《Make the change》影片截图中的标准镜头

长焦镜头（见图5.13）可以压缩画面中前景和背景间的距离。一般来说，长焦镜头能够比较直接地将观看者注意力集中在画面的焦点区域，把观看者拉进场景中，建立参与感。长焦镜头会不同程度地扭曲透视关系，有时给人超现实、梦境般的穿越感。

图 5.13 微电影《Make the change》影片截图中的长焦镜头

广角镜头(见图 5.14)可以通过各种扭曲影像的方式来吸引观看者注意力。通过广阔的水平视野,广角镜头可以把画面物体作出拉伸,还可以用于表现剧中人物间的关系。

图 5.14 微电影《Make the change》影片截图中的广角镜头

导演还可以通过控制景深来引导观众的注意力。景深较深的场景,观众可以自由选择观看画面中前景、中景和后景中的动态,因为画面中从前到后所有元素都在焦点清晰的范围内。这种方式给观者感受真实,因为它和人眼所见最为接近,同时也让观看者在多层次的构图中找到感兴趣的点。浅的景深会把主体独立出来,同时使其他区域处于虚化的状态。浅景深通常被用来凸显主要演员,这样可以避免来自前景或背景的干扰,在拍摄环境较复杂的情况下,常采用浅景深。使用浅景深还可以在一个镜头中改变焦点,例如,画面前景坐着一名女性,焦点开始在她面部,后景站立的男性是虚化的,焦点改变时,男性浮现鲜明形象,前景女性则变得模糊。

5.2.2　摄影机角度

摄影机的拍摄角度会对构图产生影响。摄影师可以选择高于或低于成年人视平线的位置,制造出俯拍镜和仰拍镜头的效果。对这类镜头的常规观念是,不同的拍摄角度给观者的心理暗示不同。高角度俯拍物体或人物,通常会缩小或减弱力量;低角度仰拍则会加强主体的支配力,如图5.15所示。

图5.15　微电影《Make the change》影片低角度仰拍的截图

图 5.16 微电影《Make the change》影片与胸同高角度拍摄的截图

运用特殊拍摄角度的影片非常多。在许多叙事型影片中，摄影机角度是与胸部同高，而非与眼睛同高，虽然这并不符合我们日常生活中观察事物的方式，但是与胸部同高的拍摄角度却是我们表现演员“威武高大”的惯用手法(见图5.16)。自斯坦尼康被广泛运用于拍摄之后，摄影师便可以更加灵活地以高角度或低角度进行创作。

构图取景与水平线角度也有关系。倾斜角度通常会带给观看者迷惑和不稳定之感，如图 5.17 所示。这类构图手法常用于表现某种主观情绪，不过倾斜并不意味着某种特定的影像风格。具体对于单个镜头的拍摄应该使用倾斜角度、高角度俯拍还是低角度仰拍，还需要结合拍摄的内容和影片整体风格选择摄影机的构图方式，如图 5.18 所示。

图 5.17 微电影《Make the change》倾斜高角度拍摄的截图

图 5.18 微电影《Make the change》影片高角度俯拍摄的截图

5.2.3 摄影机移动

影像最具吸引力的特质在于移动，运动包括两个方面：一是被拍摄物体的移动、二是摄影机本身的移动。当摄影机移动时，场景的取景也会随之移动，原本不平衡的构图，立刻就会产生变化；原本的中景，立刻变成了特写。摄影机的移动，也会对角色本身的塑造带来影响。例如摄像机向角色靠近，会使这个角色更加突出、更具冲击力，如果这是个反面角色，观众随之会产生厌恶和反感情绪。

三脚架、升降机、摇臂和摄影师手持都可以让摄影机移动。摄影机移动一种情况是为了跟拍移动中的人或物体，另一种情况是为了给观者带来不同的心理感觉。主要的摄影机移动方式有左右横摇、上下纵摇、轨道前后推进、升降机升降等等。摄影机左右横摇和上下纵摇时，三脚架并不移动，摄影机在三脚架上原地做动作；将摄影机组件在轨道上前后推进或左右推移，可称为横移或纵移；将摄影机连同三脚架做上升下降动作称为升降；其他曲线运动也常常在航拍或者手持摄影中出现，例如多种移动方式的组合，摄像机先向前推进，然后横移，再进行升降移动。另外，横摇和横移是有差别的，两者虽然都在移动，但是横摇只是摄像机原地左右转动，就像一个人站在原地左右摇头环顾四周。横移则是摄影机和三脚架同时移动，就像一个人以极其平稳运动方式进入场地。横摇与横移的背景变化方式也不尽相同，同样，纵摇和升降上下移动之间也有画面感觉上和背景上的差异。

利用变焦镜头推拉，可以放大或缩小图像中的主体，产生运动感觉，这也是摄影机移动的一种方式。但是这种方式往往会使空间扁平化，对比利用轨道推拉拍摄的效果，明显空间透视感弱。如果不是为了达到某种眩晕的特殊效果，频繁使用变焦镜头，会产生不确定的感觉。影视从业者对变焦镜头的使用是十分谨慎和克制的，如果无法使用轨道，或者认为轨道太过于耗时耗力的情况下，才考虑使用变焦镜头推拉。有时也可以利用变焦镜头的特性，给影片赋予一些特殊意味和含义。

5.2.4 颜色上的考虑

对电影电视和商业广告而言，色彩已成为通用的标准，因而黑白画面的出现，反而会有吸引人注意力的效果。局部色相的使用，有时也会突出产品，引起观看者注意。在特定的主题中，黑白或许比色彩更适合表现。广告若要传达忧郁或朴实感，用黑白拍摄比较容易有气氛。例如《禁毒广告》中，影片使用黑白影像呈现出晦暗的禁毒主题(见图 5.19)。

探讨颜色美学的文章非常多，在艺术家和学者认定颜色的力量可以托带起特定情绪的理论下，大部分观看者对色彩还是有比较传统的感受：一般像红、黄等特定颜色有着温暖的情绪感；蓝绿则有比较冷的情绪。某些理论也认定，暖色物体会看起来较大、较近、较持久，冷的颜色则使物体显得小、较远而轻。

在影片制作过程中，一般会在筹划阶段做出关于颜色的做法。导演

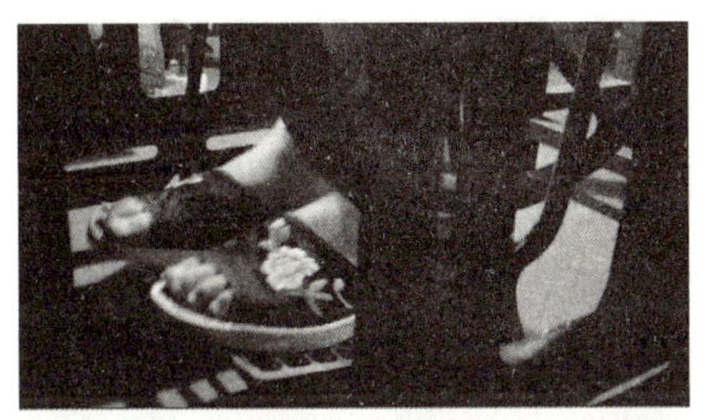

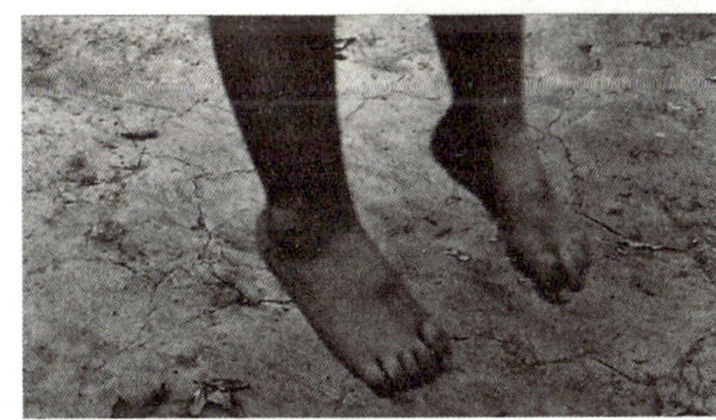

图5.19 《禁毒广告》影片中呈现出晦暗禁毒主题的黑白影像截图

会同艺术指导一起决定布景、道具、服装的颜色。利用色彩,创作者可以强调或弱化场面调度中的任意某个元素。

例如,矿泉水广告通常采用偏蓝的冷色调,家居用品广告则选用温暖、舒适的暖色调,如图5.20所示。

当然数字影像时代,我们都可以通过后期调节色温来达到预期效果,也可以在前期拍摄时在镜头前加装滤镜,做出“升色温”或“降色温”,以增强色彩效果。

同一个场景或主体可以有完全不同的表现效果,这取决于画面构图取景、摄像机移动、颜色上的调控等。用摄影机来解读场面调度的能力是影片艺术的基础。如何选择并控制画面的品质和类型是影视初学者和专业影视从业者都必须面对的重要课题。

过调整灯具后方的控制旋钮或把手，就可以移动灯泡的位置，使灯泡靠近或远离镜片，形成聚光或散光。在聚光位置时，灯泡离镜片最远，就可以把光线聚合在一起，且有着较窄、较集中的光束。若移到另一端散光的位置，灯泡就离镜片比较近，因此也就有了较广、较扩散、照明面积较大的光线。菲涅耳聚光灯一般会被用作主光，或是作为场景的大面积部分照明，由于其可灵活多变，几乎可以应用在任何用途上。

5.3.2 打光风格

打光绝不只是为了追求准确的曝光而已，它更是一种在画框中导引观看者视线的方法，一种建立角色、情绪及影像的戏剧质感的途径。在大多数现代剧情的影片中，照明的处理会比较接近真实生活，看起来就像是我们日常生活中所观察的一样。这类照明手法的关键是，光线看起来必须来自画面中真实的光源，这些光源包括路灯、吊灯、台灯、日光等。这类模仿或夸张了场景中光源方向的光线，通常被称为“有源光线”。

另一种打光的手法，相对于现实主义照明手法而言，具有表现主义的风格，更有助于为画面创造特定气氛或情绪。要制造影像必须要有光线，不论是在本身照明条件较好区域，还是在丝毫不透光的空间。例如在黑暗的排水沟中（如图 5.22《招生广告·越狱篇》影片截图），绝不可能有盏聚光灯去照亮男主角面部轮廓和神态，不过观者在观影过程中，也不会特意去追究灯光的来源是否真实。在这部《招生广告·越狱篇》中，有一段发生在排水沟的戏，虽然布景中没有光线来源，但是摄影师还是在演员前

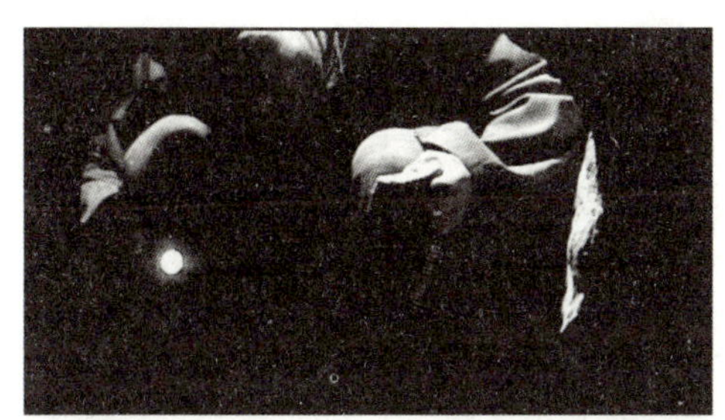

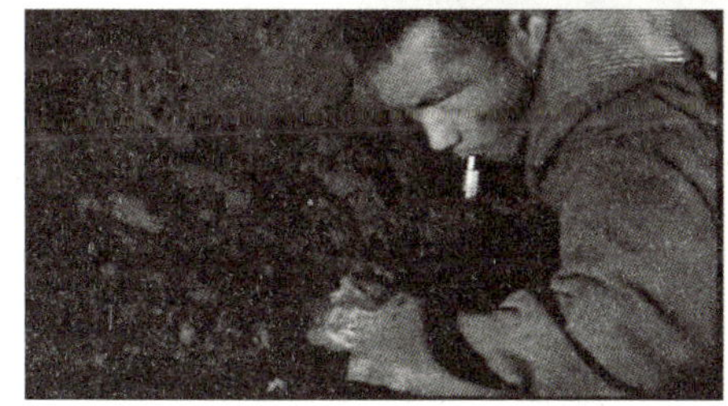

图 5.22 《招生广告·越狱篇》影片截图

进的前方引入了光线。打光的方式有多种，也有很多书籍和杂志研究照明美学，但有可能最后使用的照明表现手法，与所有教科书上的教程都是相违背的。灯光的布置不仅要考虑摄影机、镜头等技术上的问题，还要考虑到故事戏剧上的需求。

5.3.3 基本的三点式布光

三点式布光是最基本的布光手法，也是最传统的做法。三点式布光的基本原则是在二维平面的画面中，塑造三维的空间感，使画面空间层次丰富。

三点式的打光手法中，最主要的光线来源称为主光（见图 5.23），主

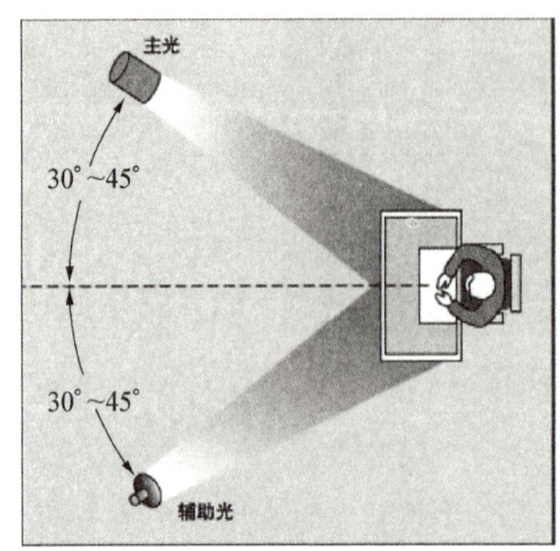

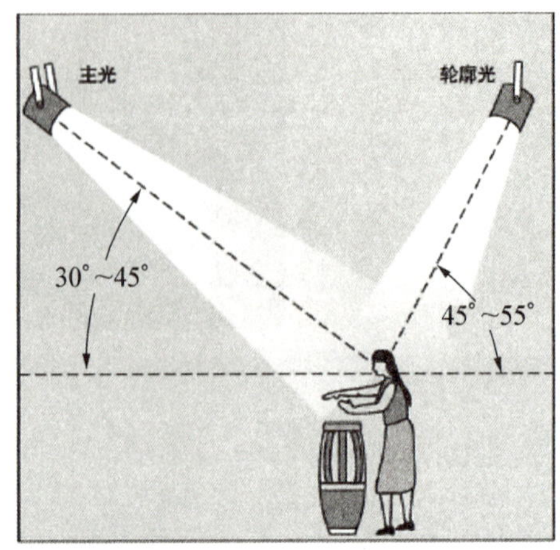

图5.23　三点式打光示意图

光模拟了场景中的主要照明来源，例如日光、路灯、室内灯光等。主光基本上会被放置在由摄像机到被摄主体间轴线的30°～45°角的位置，高度通常在水平线的30°～45°角的高度。主光通常会使用像菲涅耳聚光灯这种可变的灯具，以便在散光和聚光之间做调整。主光会产生阴影，也能勾勒出主体的形状，是场景中最主要的光线来源，主光可以基本决定拍摄所使用的基本光圈档数。

辅光通常放置在主光的另一侧，比较接近45°的位置，通常和摄像机等高。辅助光或多或少可以减少由主光所带来的阴影，因此，辅助光的亮度绝不会超过主光，而且多采用较柔和、较扩散的散射光。

三点式布光的第三个光源，称为轮廓光。轮廓光总是被放置在主体背后有足够角度的高度，以避免光线直射到镜头。轮廓光有助于为主体塑造出轮廓，特别是头部和肩膀的区域，并且可以和背景区隔开来。

除了主光、辅光、轮廓光，有时会利用一些附加光线来为画面增色。

例如眼神光，眼神光通常是较小、可聚焦的光源，放置在摄影机旁，与眼睛同高，可增加演员眼神闪亮的感觉。背景光则是照亮背景，使背景层次凸显出来，背景光也有助于使主体和背景区隔开来。侧逆光与轮廓光作用相似，通常会放在主体背后，比较低的位置，也会与主光相对。侧光有助于区隔主体和背景。轮廓光和侧逆光所需亮度差异较大，黑发的人需要较多的光线，浅发色或秃头的人就会少一些。

5.4　录音

声音是电影中不可缺少的基本元素，必须给予足够的重视。很多影视初学者和专业的影片摄制组，往往过于全神贯注于设定符合美学原则的构图，反而忘记要留一些时间去做麦克风的正确摆设。如果只是匆忙地在演员面前随便放一支麦克风，那么到了后期制作时就会为极差的音质而困扰，到那时则为时已晚。声音可以传递信息、建立气氛，对追求完美的影片来说是极为重要的。对每个录制声音的人来说，都要明确了解，所录制的声音在未来剪辑时，该如何服务于故事情节。

5.4.1　麦克风

麦克风的指向性和它的收音范围有关。在影片制作上，最常用的麦克风收音是心形，即主要从一侧收音，收音范围如图5.24所示，如果只有一个或两个人在讲话，而且不需要背景声音的话，心形收音的麦克风就很适用。这种麦克风在影视制作中广为使用。还有就是全指向性的，可以收取各个方向的声音，如图 5.25 所示。比较适合用来收录一大群人交谈，或是收录背景声。

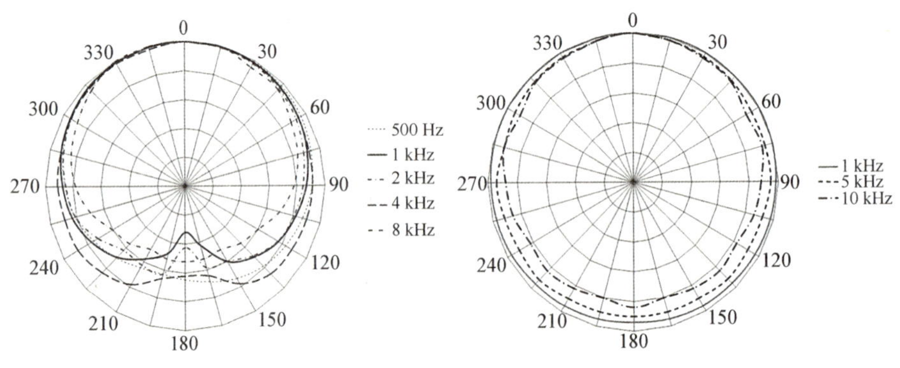

图 5.24　麦克风的一侧放置　　图 5.25　麦克风的全指向性放置

因为有着较大的收音范围，因此无法妥善收录较远的声音。通常全指向性麦克风，必须更接近演员们，才能得到与心形麦克风同等音量的声音。有时，为了避免麦克风被拍摄到，就必须在一段距离外收录声音。在这种情形下，就会使用指向性更强的锐心形麦克风。它的收音范围，比一般心形麦克风更长也更窄。

立体声录音，至少需要两支麦克风，或是特别设计的有着许多不同收音范围的立体声麦克风。以下有两种比较常用的方式，可以用来收录立体声：第一种方式是使用双指向性和超指向性麦克风。双指向性麦克风，会收录左侧和右侧的声音，超指向性麦克风则收录前方的声音。这两支麦克风的声音信号，会被送到复杂的回路上去，利用相位上的差别，从而产生出左、右两声道。这种方式会产生极强的可以与单音相容的中间声音。有些立体声麦克风上会有一个开关，这个开关可以脱离双指向性的组建，以用来录制声音；另一种立体声的录制，是将两支心形或全指向性的麦克风放置在一起，两支各以 45°朝向左右方。这种方式使得两支麦克风都可以收录到中间的声音，两侧的声音主要交由其中一支来负责。当录好的声音在立体声扬声器上播放时，就会有清楚明确的左右声道，但中间声音就不如第一种收音方式强。

环绕声，指的是其收音范围可达 360°，通常是由许多支心形、锐心形麦克风来分别负责对这 360°中的不同区域收音。环绕声经常是以立体声录制，然后在后期制作中被混合成至少六个声道，这个过程叫做混音。

5.4.2　收音要素

我们最直接关注的，是声音的表现力。声音的表现力和真实性有关，也就是说声音听起来必须来自画面。举例来说，在体育馆中的声音对比在豪华装修的宫殿中的声音，一定大不相同。在体育馆中的声音，就要符合观众对这种特殊环境的印象，而要有回音的质感。

声音表现力的主要元素之一，就是这个空间听起来是清脆的还是沉闷的，体育馆的声音很大程度上被反弹回来，听起来比较脆。有窗帘和地毯的客厅则会是沉闷的。一个原因是空间的大小，大空间的声音相对易产生回声，但是另一个更重要的因素，就是房间内材质的差别。木头、水泥等坚硬的墙面，声音相对较脆，会产生大量大回声和混响，地毯、窗帘等柔软表面，会吸收部分声音，不会产生这样的特征。

回声和混响在技术定义上有些不同，但是它们有着相同的效果。回声是声音反弹一次，而混响则是反弹好几次。没有经过反弹的声音称为直达声，通常也是较沉闷的。

录音师通常会可以使空间变得柔软，录制直达声。这种单纯的声音可以通过剪辑过程中加上混响而变得丰富，但是要在后期制作当中移除回声和混响却是很难的。最简单的使空间收音效果好的方式是给房间内加各种软装，在窗户上拉窗帘，或在桌子上挂桌布，在地板上铺上地毯等等。

我们还需要注意的是声音的距离感。一般来说，远景的一个人的呼喊，要和出现在特写镜头中人物的声音相区分。通过这种方式，观看者就可以产生与人物较近或较远的感觉，同时强化从银幕上所看到的画面。基本的规律是，当麦克风移开时音量会降低。音量是随着麦克风与被摄物体之间的距离变远而递减的。

当许多声音同时出现时，我们应该去平衡多种声音的相对音量，重要声音的音量要高于不重要的声音。人类的耳朵可以有选择地去听要听的声音，但麦克风不行。我们可以在极嘈杂的环境中跟朋友聊天，也能听到朋友的谈话，这主要时人可以集中注意力的缘故。如果你使用麦克风来收录一段谈话，你收录的声音很可能是混淆不清的。

同样地，远处的汽车喇叭声，也应和前景的喇叭声不同。获得正确距离感的最简单的方法，就是在拍远景时，让吊杆麦克风离人物或被摄物体远一些，拍特写镜头时就移得近一些。但有时，麦克风距离演员太近，会造成穿帮。

另外，声音的连续性也是我们必须关注的。声音的连续性指的是在连续镜头中要有一致性。声音的连续性和画面的连续性一样重要。例如，准备连接在一起的两个镜头，第一个镜头是女人在洗头，有水流声伴随，第二个镜头是男人的脸，那么声音处理时，也应该保持水流声。

5.4.3　消除噪声

声音录制中存在的一个问题就是你很难将不需要听到的声音消除掉。在拍摄视频时，你可以通过放大来去掉不想要的物体，或者通过灯光的去除，排除杂物干扰。但在拍片时，我们很难去除掉和场景没有任何关系的噪声，有的是声音器材本身发出的，像是胶片摄影机上的马达，就会制造噪声。在摄影机上加装隔音套或隔音罩，就能减少马达的噪声。使用胶片摄影机来拍摄时，大部分的噪声来自监视器、摄像机、硬盘。也因如此，麦克风就要尽可能接近演员，远离任何器材。

另一个难以去除的声音就是风声，人类耳朵或许对风声不是非常敏锐，但通常风会干扰到麦克风的声音组建，造成低频率的噪声。在麦克风上加装防风罩，会有助于减少风吹噪声。录音器材也有可能录到日光灯的嗡嗡声，最好的解决方式就是把日光灯关掉，在收音的时候，剧组全体需要把手机关机，确保电流声不会被收录进去。录音器材中若有均衡的功能，也可以消除特定频率上不需要的声音。这通常会留到后期制作时才做处理，因为这会需要很多时间和控制。大部分均衡器都会有削减高频和切除低频的功能，但当你需要的声音和噪声音频率非常接近时，问题就会出现了，均衡器也往往派不上用场。比较好的去除方式就是增加麦克风的指向性，让想要的声音被收录近来。但是超指向性麦克风，比如锐心形麦克风，会在主体有些微动时就失去声音，从而造成问题，一般来说，指向性越高的麦克风，越不容易收录小范围的声音来源。录音师都要非常细致地去聆听一些会令人分心的声音。如果不必要的声音会破坏整部影片感觉的话，那就先行解决声音问题，再行重拍那段画面。

第6章

数字音乐传播

6.1 数字音乐传播的含义

一般而言，根据传播的途径和终端设备的不同，数字音乐可以分为在线音乐和无线音乐，其中，在线音乐主要是借助互联网实现在线收听、下载、存储并在相关设备上进行播放和收听；无线音乐主要是通过移动互联网下载、收听、使用相关音乐及音乐服务，以 MP3、AAC、WAV 等格式为主。

狭义而言，数字音乐主要侧重音乐编码技术和传播渠道。广义来讲，数字音乐则包括数字音乐的创作、录制、生产、销售、渠道等多个环节，形成了数字音乐产业。数字音乐的发展离不开经济、技术和社会三个维度的支持。经济维度方面，数字音乐产业的规模化、产业化和营利性越来越突出。21 世纪初，环球、索尼音乐、BMG、华纳、百代等五大音乐公司控制了全球 CD、磁带七成以上的销售量，在美国、法国等占据着绝对市场份额。数字音乐的发展有力地打破了这种垄断局面，大大降低了产业的进入壁垒，成本更低，降低了产业集中度，长尾效应日益显著。技术对数字音乐的作用和影响显而易见。数字音乐主要是通过相关数字技术和手段，如 MP3 技术，实现音乐制作、存储的全数字化编码。数字音乐操作简便、复制容易、文件小且音质好，可以实现快速传播与共享。可见，数字音乐给传统音乐的形式、载体、发行渠道体系等方面带来了冲击，使传统音乐产业发生了根本性改变。另外，在云技术、移动互联网技术的共同作用下，数字音乐产品和服务创新层出不穷，出现了如数字音乐下载商店、订阅服务、网络电台、视频类和社交类音乐产品等。社会维度方面，数字音乐产品的社会属性不容忽视。从本质上看，音乐是社会的产物，反映社会的变化，也受到社会变化的影响，具有显著的社会属性。而面对技术的快速发展和广大音乐爱好者的个性化、差异化需求，在多渠道、多层次的社会参与下，数字音乐的更新换代速度更是不断加快。与此同时，针对数字音乐非法共享和版权保护等问题，各国的法律建设和道德约束也在不断完善。

互联网和数字化使音乐传播生态发生了根本的变化。过去的十年中的主要改变是音乐可以从互联网下载并进行传播。通过创新的产品，如苹果的 iPod 和 iTunes 的使用，音乐得到自由传播。这种方式受到消费者极大的欢迎。数字在线音乐传播有些是合法的，很多是非法的。收费也存在和被广泛使用，这些服务中最著名的是苹果的 iTunes。2010 年，已经达到 100 万的下载。iTunes 和类似的服务迎合了大多数的音乐风格，并确保收入继续流入给艺术家，唱片公司，出版公司。艺术家自己也可以免费发布歌曲 MP3 格式通过这些网站“回馈”消费者，推广他们的音乐。因此，赠品往往是在新的或即将发行的专辑中的歌曲。许多唱片公司，已经开始认识到互联网提供的机会，并利用新技术的发展为音乐消费者提供与音乐艺术家的互动和购买他们的音乐的新方式。加快创建新的在线企业的步伐也反映了数字音乐产业的本质，那就是消费者对互联网的数字共享音乐这一行业的商业模式创新的普遍认同。

然而，瓦卡罗和科恩(2008)认为，数字音乐在线公司的核心价值观还没有十分清晰。比如一些传统唱片公司忽视博客和播客以及音乐评论的影响。根据诺尔斯(2008)，这些网站对合法和非法来源的音乐内容都是有标注，有一些网站如聚友网 Facebook 和 YouTube，允许标注、评级和评论，内容可以包括歌曲和音乐视频。聚友网常常被艺术家利用在推出新专辑之前进行推广。音乐家和互联网同行以及受众之间的关系十分平等而紧密。通过大量的消费者使用互联网的音乐传播的方式，促成了数字音乐产业的形成。同时，大多数消费者想要和这些新的音乐平台建立联系。

手机和移动互联网的扩展带来了数字音乐服务新的市场增长空间，新兴的下载技术如蓝牙等，增强了音乐传播的便携性和方便性。移动互联基础上的音乐将不仅是关于播放和发现，而是获得更多的消费回报。这些服务将进化和扩展当前的计算机音乐体验产品，而供应商将利用移动通信关键设备的独特优势，如始终相连、随身携带和高度的个性化等推出新的音乐服务。数字音乐从手机的普及中受益，唱片公司需要将其策略与之结合，从而获得间接收入，移动音乐产业在数字时代很可能是最大的收入增长领域，因为它占有大约 40%的数字音乐收入，并从在线广告获得另外 26%的收益。

同时，许多消费者现在使用互联网作为他们发现新音乐的主要工具,无论是通过合法还是非法渠道。大约 1/4 的人为 15～34 岁,尤其是男性,更倾向于通过互联网中发现新的音乐。这样的行为方式可以转化为收入,对于成功的特定的艺术家或内容类型来说更是如此。实际上用户访问内容能驱动收益能力;所以通过提供合法的流媒体服务获取数字内容都能促进数字音乐的发展,因为访问的客户愿意为他们的个人品位进行支付,这抵消了免费和盗版带来的消极影响。艺术家得益于在线共享,大量的消费者倾向于先下载音乐,如果他们喜欢,随后会购买音乐。因此,非法文件共享实际上提供了一个有效的广告渠道,可通过该方式协助他们的新艺人成为知名人物来获取其他的利益。

6.2 数字音乐产业

我国的数字音乐产业自 2007 年起呈现出快速增长,从 2007 年仅实现收入 15 亿元,到 2012 年达到 45.4 亿元,共拥有网络音乐经营资质的企业为 575 家,其中:在线音乐市场规模达到 18.2 亿元,无线音乐市场规模达到 27.2 亿元,电信运营商无线音乐相关收入为 290 亿元,无线音乐总营收达到 317.2 亿元。我国数字音乐产业的快速发展离不开经济、技术和社会三个维度的配合和推动。

数字音乐产业的发展改变了音乐产业的价值传递方式,产生了新的运作模式、产品形式和商业模式,长尾效应明显。

6.2.1　数字音乐价值链不断发展

数字音乐价值链不同于传统音乐价值链。传统音乐价值链主要由三条产业价值链组成，分别为音乐创作链、唱片链和现场演出链，呈现出单线型特征，各环节的收入来源单一，对非相邻环节之间缺乏约束力。数字音乐价值链呈网状结构特征，各环节都可以有多种收入途径，并可以进行双向的价值流动，呈现出强约束力。另外，数字音乐产业降低了音乐产业的进入壁垒，音乐创作和制作已经不再仅仅是专业创作者和专业音乐公司的特权了，广大音乐爱好者借助网络专业软件和工具，甚至是各类APP应用，就可以制作出个性化的音乐作品，上传到视频网站和个人博客上，直接将音乐作品推入传播渠道，实现与消费者点对点、面对面的销售，彻底绕开了传统的大型音乐公司对渠道的垄断。这对音乐产业的发展而言是革命性的，网络音乐的发展已经成为数字音乐产业发展的必然趋势。

6.2.2　数字音乐商业模式不断丰富

在层出不穷的音乐产品和运作模式的基础上，音乐产业的价值链发生了根本性的改变，在线音乐和无线音乐的商业模式也在不断发展创新。在线音乐市场商业模式主要包括广告分成模式、歌曲下载收费模式、在线音乐增值服务模式。其中，广告分成模式主要是通过吸引用户免费收听、下载音乐增加网站点击量，吸引广告商的广告投放，通过与广告商分成来获得收入；歌曲下载收费模式主要是通过歌曲下载收费来获得收入。在线音乐增值服务模式的典型代表就是QQ音乐，通过会员收费服务来为会员提供高品质的音乐欣赏、下载、分享服务。

无线音乐市场商业模式主要包括服务提供商（SP）运营模式、运营商自营模式、终端厂商与服务提供商（SP）合作模式、终端厂商与运营商合作模式和独立服务提供商模式。无线音乐最为典型的代表是移动彩铃业务，是中国移动的主要增值业务收入来源。

6.2.3 数字音乐的“长尾效应”显著

消费者更加追求个性化、差异化的需求特点，对产品的要求也越来越高，对定制化产品的需求也在不断增大。数字音乐产业更是如此，消费者对具有鲜明特点的作品更加追捧，而对于大众化、标准化的音乐作品的热情逐渐消退。互联网的发展和普及使流行、通俗、民族、摇滚、恶搞等风格的音乐作品得以共存，为非主流音乐作品提供了充足的顾客群体，也便于这些顾客能够迅速快捷、低成本地寻找到自己喜欢的音乐作品，这为非主流的音乐作品带来了足够的顾客。对于这些个性鲜明的非主流音乐作品，消费者更愿意付费下载、收听，从而进一步保证了这些音乐作品的收入水平。可见，互联网的发展为非主流音乐作品和目标顾客群体节省了大量的交易费用，使得音乐产业的“长尾效应”凸显。

6.3　大数据时代的数字音乐传播

数字化并不意味着数据化。将一个对象数据化就是将其置身于量化形式，可以制成表格并加以分析。这与数字化大相径庭，数字化仅仅是将相似信息进行二进制编码处理供计算机处理。从20世纪90年代起，人们就开始用数字化的形式记录和传播音乐作品(冯毅，2008)。但在大数据时代，仅靠对音乐内容的数字化处理方式远远不能满足有效的传播音乐需求，还需要更加便于管理和计算的传播方式，即数据化。采用知识本体论方法将音乐作品数据化不失为一种行之有效的方法。之前的研究已经构建了音乐领域知识本体，其中定义了5个子本体描述上级概念结构，分别是音乐事件、音乐作品、音乐人物、音乐地点、音乐技术。在这些子本体中，通过定义子类的概念、特征以及各类别和实例之间的关系，我们建立了一个完整的系统描述音乐的各项特征(杨立，2011)。作为新型的网络个人应用，一些数据服务供应商开始提供音乐云服务。数据服务提供商提供设备和服务，允许用户建立个人音乐库，在设备间同步更新音乐和向台式电脑、笔记本、平板、智能手机和其他的数码播放器等传递音乐。这些音乐云偏向于私有云，主要针对个人客户。这种云存储模式对于数字音乐传播的有效性还远远不够。我们需要一个更加开放的平台和机制，允许所有在传播链上的参与者都能在版权法的保护下合法地分享他们的作品、产品和服务。

6.3.1 数字音乐传播链上的参与者

这里所说的参与者指的是在数字音乐传播链涉及的所有的个人或组织。他们共同组成了如下传播链：音乐制作者指音乐作品内容最初的创作者，包括作曲家、歌词作者和表演者。音乐要想突破时间和空间的限制进行传播，首先就需要将音乐记录下来进行处理，因此我们需要音乐内容处理者，包括：录音棚、演出机构和数据处理商。数字音乐内容供应商拥有自己特殊的传播渠道以及营销网络，通常和网络运营商或云服务提供商关系密切。他们提供在线数字音乐交易平台，对数字音乐的传播发挥着重要作用。此外，还需要云服务提供商提供包括存储、搜索、上传、分享，甚至是交易的公有或者私有数字音乐云服务。除此之外，还需要网络运营商为传播链上所有参与者提供网络。

6.3.2 数字音乐传播模型

数字音乐传播涉及三个层次，分别是制作层、存储层和交易服务层。如图 6.1 所示。

制作层：制作层描述数字音乐作品由最初创作到最终数据化的过程；存储层：为了更为便利和有效的传播，数字音乐作品基本储存在云端。经过第一层的数据化过程，数字音乐实现转化，储存在不同的云端中；交易服务层，即为用户服务层，数字音乐交易发生在该层。该层可为

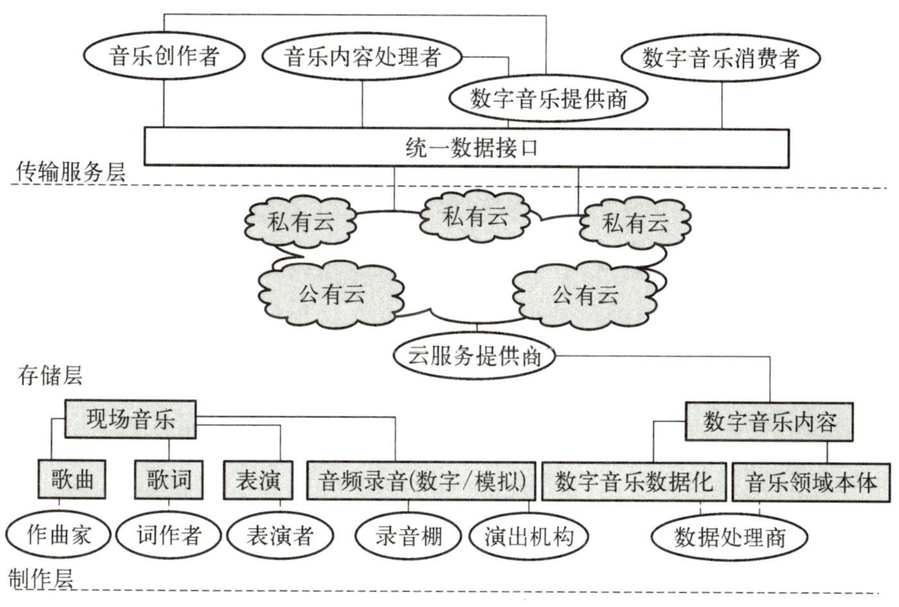

图 6.1　数字音乐传播模型

电子商务平台，在符合版权保护的前提下，允许混合电子商务模型 B2C，C2C，B2B 和 O2O 等。

6.4　数字音乐：以 YouTube 为例

YouTube 的音乐视频文化包括扩大和复制原创的音频内容，这里包括编辑或引用专业内容。用户增强和复制这些内容可能会导致内容的变化和质量的恶化(Plazak，2012)。由此产生的视频似乎找到了自己观众，鉴于他们的整体知名度和突出的专业素养使得这些用户上传的音乐内容在 YouTube 搜索结果中位居前列。

另外一个新的视角是"user-generated"在线音频内容。基于观察发现，YouTube的用户共同发展新的内容格式，并创新了旧的（例如，歌词视频）。用户生成意味着用户积极发布自己的真实内容，这个更接近于YouTube上的真实现实。虽然专业创造的内容从主要记录标签上看是用户关注的主要目标，但是研究也证明了这只是冰山一角。事实上，专业制作流行音乐的内容变得不堪重负，用户生成内容在YouTube上大量存在，后者是比传统音频更为流行。YouTube的音乐提供了一个新的和非常好的例子是关于通过更新用户如何适当地服务并控制生产的内容。

YouTube提供了关于数字音乐生产者和消费者之间的关系的典型案例。YouTube一边是专业的内容、一边是用户创建的内容。在线媒体需要处理两者之间的可能紧张的关系或者相互之间的否定。虽然用户生成的音视频通常会产生使用费，并且对于原创音乐的版权人还会侵犯版权。专业生产商可能希望维持专业基础和创造力，在YouTube对用户内容进行控制，如经常使用侵权内容删除。然而这种关系提供了跨音乐视频类型的交互模式，可以促进不同音频模式之间的相互借鉴和流行音乐方式的融合发展。并且有一个光环效应，YouTube的音乐视频里专业的内容传播提高了音乐的传播广度，并且涵盖了平民的内容传播。

第7章
网络流行语传播

7.1　网络流行语的认识

7.1.1　网络流行语概述

流行语指的是在一定的时期和地区内，被一定的社会群体所熟知和流传的用语。而作为流行语分支的网络流行语，则是一定时期内，在网络语言中，被网友们广泛熟知和流传的用语。随着中国互联网的普及，网络流行语就成为一个流行、一个新的研究领域，更多学者开始致力于研究网络流行语，研究的角度也从最初的语言学角度，逐渐蔓延到心理学、社会学、传播学等角度。目前国内学者对网络流行语的概念界定比较有代表性的主要有：

陈一民教授(2008)认为，网络流行语是“伴随现实社会新闻事件的发生，在网络几近同步产生、迅速流行并风靡于网络内外、短时间内生命力极其强大但并不长久的热门词语，又叫网络雷语、网络热词语。”(《语言学层面的网络流行语解读》)

陈建伟(2008)认为，网络流行语是“在网络上流行的一种语言形式，它以实时或相对延时的形式，以文字、数字、字母和符号为主要载体，存在于具有共享性与开放性的网络聊天室、网络社区、博客上，是网络语言中最为活跃的那部分语言，是网民们约定俗成的表达方式。"(《网络流行语研究》)

韩玉花(2010)认为，"网络流行语是指以互联网为载体而广泛传播的反映现实社会生活的鲜活语言形式。网络流行语的产生不仅有技术方面的因素，也是语言系统对社会现实最直接、最敏感的反应。"(《网络流行语的社会镜像》)

伴随着其自身的发展，网络流行语从最初的仅存在于网民之间相互交流的特殊语言，逐渐进化到在现实社会中公众使用的流行语言，使用范围越来越广。而这种流行语又体现出不同的形式，比如流行词、流行语、流行文体等，本书综合代表性学者对网络流行语的定义，认为：网络流行语是在一定时期内，与现实社会热点事件几乎同时产生，在网络上由网民迅速传播并流行后，向外扩散至现实社会并对其产生影响的词汇、语句或文体。

7.1.2 网络流行语的特征

网络流行语是网络语言的分支，同时也是流行语的分支，因此其兼具了两者特征的同时，又有其特有的特征：

1. 新奇性

新奇性体现在把旧的语言赋予新的含义，主要是利用谐音来达成的。例如 2012 年网络流行语"绳命"就是利用了"生命"的谐音，源自 2012 年 6 月延参法师用河北方言说的“绳命，是剁么的回晃，人生，是入刺的井猜（生命，是多么的辉煌，人生，是如此的精彩）”。每当“绳命”出现时，再无聊的大道理都有了喜剧的色彩，让大众的思维得到了放松，成为一种新的表达方式。

2. 短暂性

网络流行语之所以称之为流行语，有一个原因是其是流行的，它的产生和存在是短暂的。随时都会有新的网络流行语产生，同时也有旧的网络流行语逐渐遗忘在公众的脑海。如今的网络流行语大多伴随着热点事件产生，当热点的事件引起公众普遍关注的时候，网络流行语就得以传播并快速流行；而随着事件的解决或被淡忘，网络流行语也逐渐退出公众生活。比如，网络流行语“我爸是李刚”，这个事件是李刚之子李启铭在开车撞人之后，居然口出狂言，强调“我爸是李刚”，因而引起了公愤，网友们用这个网络流行语来嘲讽跋扈的“官二代”，它的传播范围甚广，而如今却很少再被人提及。这体现了网络流行语存在的短暂性，当有新的热点事件产生时，旧的网络流行语便会被取代。

3. 调侃性

现今很多网络流行语都是大众用来表达自己对热点事件看法和态度的语言。例如早年的“我爸是李刚”，2013 年网络流行语中的“你幸福吗？”“我能说脏话吗？”“元芳，你怎么看？”2014 年网络流行语中的“有钱就是任性”“那么问题来了”等，都是用来调侃社会现象，体现了大众的心理特征、思想状态，想说却不能说、不敢说的情感，通过网络流行语表达出来，显示自己的个性。每年的网络流行语大多可以用来调侃当年社会发生的热点事件。

4. 时效性

通过研究比较近五年的网络流行语，可以得出结论——网络流行语主要反映当年的社会热点事件和大众心理特征。例如 2015 年红极一时的“Duang”，事件是一部由某明星代言的曾被工商部门打假的广告再次被网友们挖出来进行了新一轮恶搞，而这次恶搞的主要内容则是将其和网络流行音乐《我的滑板鞋》进行了神一般的同步成《我的洗发水》，其中的一句“Duang”成了网络上最新最热门的词语。而每一年的社会热点事件不同，随着大众关注点的转变，会产生新的网络流行语，其随着时间的转移而发生变化。每年的网络流行语层出不穷，随着时间的流逝，它最终会被遗忘和抛弃，却会一直是那个时段的代表和特征。

7.1.3 网络流行语的分类

伴随着互联网在中国的发展，网络流行语的形态和功能也在发生着改变。根据不同的标准，网络流行语可以分成不同的种类，在此主要从以下两个方面对其进行分类：

1. 以构成形式进行分类

可以分成谐音类、简缩类、旧词新解类、符号象形类等。

(1) 谐音类。例如：大虾（大侠）、7456（气死我了）、粉丝（fans）、斑竹

(版主)、火钳刘明(火前留名)等。

(2) 简缩类。例如：早期的BTW(by the way)、lol(laughing out loud)、高大上(高端、大气、上档次)、请允悲(请允许我做一个悲伤表情)等。近期的人干事、细软跑、醒工砖、社病我药、啊痛悟蜡、说闹觉余、冷无缺等。

(3) 旧词新解类。例如：可爱(可怜没人爱)、偶像(呕吐的对象)、恐龙(形容女性长得丑)、太监(形容一篇小说创作没有写完整,作者不写了)、查水表(在网络上发表了不合乎相关法律法规,或者破坏社会稳定和谐等消息而被调侃容易被抓)等。

(4) 符号象形类。例如：;-(哭

;-)眨眼

:-)微笑

%-(困惑

:0 惊讶

:-(生气

～～＞_＜～～(心碎,泣不成声)等。

2. 以来源进行分类

网络流行语可以分为来源于方言、来源于外来词语、来源于影视作品、来源于网民创造、来源于热会热点事件等。

(1) 来源于方言。例如：绳命(河北方言)、忽悠(东北方言)、唠嗑(东北方言)、摆谱儿(北京方言)、栽了(北京方言)、靓女(广东话)等。

(2) 来源于外来词语。例如：粉丝(fans)、推特(twitter)、黑客

(hacker)、非死不可(facebook)等。

(3) 来源于影视作品。例如：舌尖上的××(纪录片《舌尖上的中国》)；那些年我们一起××的女孩(九把刀《那些年我们一起追过的女孩》)；待我长发及腰(出自《十里红妆女儿梦》)等。

(4) 来源于网民创造。例如：沙发、板凳、地板、神马都是浮云、酱紫、雷、踩、顶、灌水、艾玛、土豪等。

(5) 来源于社会热点事件。例如：我可以说脏话吗(油价哥在记者提问面对油价上涨一事时，问道"我可以说脏话吗"，得知不可后表示无话可说)；你幸福吗？我姓曾(央视节目《走基层百姓心声》设计问题，提问打工者"你幸福吗?"，打工者愣了下神回复说"我姓曾")；表哥(陕西省安监局党组书记、局长杨达才出席不同场合佩戴不同昂贵的手表，引起大众不满)；犀利哥(宁波街头的一位流浪者，在互联网上因为他放荡不羁的感觉、走在时尚前沿的"混搭"潮流，而被网友关注)等。

7.2 网络流行语的模仿现象

网络流行语包括了网络热词、网络流行语句和网络文体，本节以网络文体的模仿效应为例，网络文体是2010年以来起源于并流行于互联网的新文体，是对所有网络语言文体(比如梨花体、咆哮体、走近科学体、Hold住体、淘宝体、知音体、红楼体、琼瑶体、甄嬛体、凡客体、承包鱼塘体等)的一个总称，它代表了一个时代的特征。它的产生，可以是一个热点事件、一个突发奇想的帖子、一次集体恶搞等，创始群体主要是80后、90后这一群人。网络文体的形式比较自由，特点很鲜明，同时，由于网络文体的易模仿性和戏仿性而在网民群体内得到广泛关注和传播。

7.2.1 传播范围：网上向网下的延伸，网民群体到公共话语领域

对网络文体的发展时间顺序进行梳理可以发现，网络文体主要出现于人气较高的论坛，比如“纺纱体”诞生于百度贴吧，“咆哮体”诞生于人人网、“梨花体”、“知音体”等诞生于天涯论坛的帖子。近年来，网络文体数量增长很快，而且网络文体的影响力也从网上扩散到了网下，例如，随着电视剧《后宫甄嬛传》的热播，广大网友开始效仿剧中的台词，不少观众在现实生活的交谈中，张口闭口就自称“本宫”，描述事物也喜欢用“极好”、“真真”等剧中词，瞬间“甄嬛体”(见图7.1)就红遍网络和现实生活。

图7.1 甄嬛体

而更值得注意的是，本来被视为严肃正经的社会公共话语中也开始混入了网络文体，这是网络文体从原来在论坛和微博等网媒上的集体狂欢的扩大化。可以说，网络文体逐渐被为主流文化所接纳。如南京理工学院在当年“淘宝体”热门的时候，就将“淘宝体”运用在发给被录取学生的短信中：“亲，祝贺你哦！你被我们学校录取了哦！……亲，9月2号报到哦！录取通知书明天‘发货’哦！亲，全5分哦！给好评哦！”（见图7.2）；无独有偶，同年8月，一个名为“外交小灵通”的微博的招聘信息也采用了“淘宝体”进行发布：“亲，你大学本科毕业不？办公软件使用熟练不？英语交流顺溜不？驾照有木有？快来看，中日韩三国合作秘书处招人啦！这是个国际组织，马上要在裴勇俊、李英爱、宋慧乔、李俊基、金贤重RAIN的故乡韩国建立喔～此次招聘研究与规划、公关与外宣人员6名，有意咨询65962175～不包邮。”此条微博是外交部的官方微博，在3个多小时内被转载近5 000次，引发网友的关注和热议（见图7.3）；还有一个新闻事件就是郑州市交巡警在进行交通安全宣传，做了亲切的“淘宝体”的横幅内容：“亲，快车道很危险哦！”“亲，红灯伤不起哦！”。

亲，祝贺你哦！你被我们学校录取了哦！南理工，211院校噢！奖学金很丰厚哦！门口就有地铁哦！景色宜人，读书圣地哦！亲，记得9月2日报到哦！录取通知书明天‘发货’哦！上网(http://www.ems.com.cn)就可以查到通知书到哪了哦！

图7.2　南京理工大学的“淘宝体”录取通知短信

此类事件近年来层出不穷，而在对此类事件的谈论中，既有网民表示用这样的网络流行文体来进行通知或宣传，颇为亲切和平易近人；但也有网民觉得像“高考录取通知短信”、“外交部招聘启事”和“献血站宣传”等

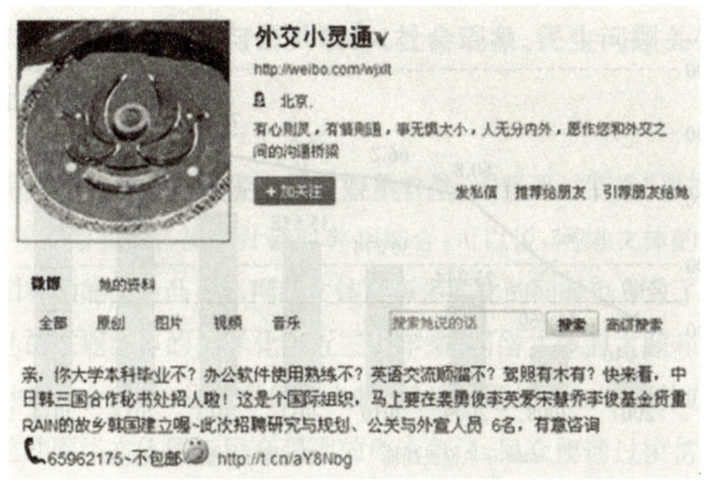

图 7.3　外交部官方微博平台"外交小灵通"用淘宝体发布招聘信息

这类公共事件是严肃的，不宜用过于调侃随意的网络文体语言，"显得不够严肃和庄重"。而这些不同的意见说明了，像网络文体之类的网络流行语言被公共话语接纳的程度越来越高。

7.2.2　传播速度：借助移动新媒体传播平台，速度快，周期短

对比早期的网络文体的传播，近三四年来的网络文体传播更迅速。其表现为移动新媒体传播平台的广泛流行，比如移动端的微博、贴吧、微信等社交网站，这使得网络流行文体的传播被大众所获知和模仿的时间间隔越来越短。据第 35 次《中国互联网络发展状况统计报告》显示，截至 2014 年 12 月底，我国手机网民的比例高达 85%以上，这说明移动新媒体平台的使用已是常态，如图 7.4 所示。

用，还需要其在日常生活中能经常被消费者所使用。日常生活中对网络流行语的运用，在一定程度上为需要广告的品牌做了铺垫，也为其能运用到广告中奠定了基础。

7.3.1 网络流行语形成了固定广告语接受群

细分市场，细化受众，对广告的消费者进行精准定位，这是企业广告想要在激烈的竞争市场上占有一席之地而必须要做的。这样，广告的传播才能达到最有针对性和最好的效果。由于不同的消费者具有不同的消费习惯和消费心理特征，因此，在做广告时首先要考虑广告的定位、对广告语的接受群体进行分析，总结出这一群消费者的年龄、性别、职业、收入和学历结构等数据。在此基础上，再对市场进行细分。

1. 年轻网民成为网络流行语的固定受众群

现代人生活节奏快、工作压力大，在这样的背景下，人们特别需要轻松幽默的方式来缓解压力。由于网络流行语本身具有的幽默创新性，因此将网络流行语加入到广告创作中，能够有效地使广告语的接收群体获得轻松和愉悦感，从而加深了在心理上对广告宣传品牌的认同感。网络流行语作为近几年来商业广告新添的新鲜元素，使这类广告更容易被中青年这一社会消费主流群体所接受和消费。

据第 35 次《中国互联网络发展状况统计报告》显示，截至 2014 年 12 月，我国的网民主要群体分布是 10～39 岁年龄段，比例达到 78.1%。其中 20～29 岁年龄段的网民占比最高，达 31.5%。网民中具备中等教育程度的群体规模最大，初中、高中/中专/技校学历的网民占比分别为 36.8%与 30.6%(见图 7.5)。

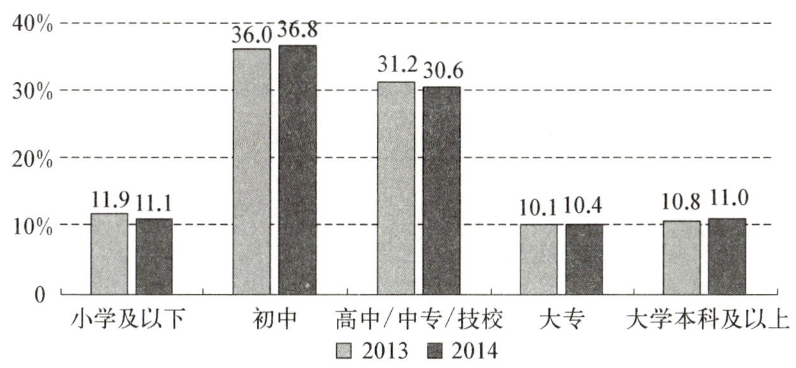

图 7.5　网民学历结构

随着网络流行语的普及，许多品牌也纷纷开始在广告中使用网络流行语，试图更贴近年轻一代的广告受众群体。在笔者的问卷调查中，参与调查的多为 20～29 岁的网民，占被调查者总数的 67.31%，而学生数量占到了 64.46%。而在“对于广告语中出现的网络流行语，你持怎样的态度”一题中，选择“完全接受，广告更加有趣更吸引人”和“能接受，只要注意好尺度”两个选项的，占到了 96.15%，选择“完全不能接受”的只有两人，且均为女性(见图 7.6)。

由此，本书认为，从年龄和职业的角度考虑，针对 20～29 岁的网络群体使用的产品，使用网络流行语作为广告语传播效果更好。因为学生的零收入和低收入，所以这一类产品应多为学生用品或价格相对较低的产品。

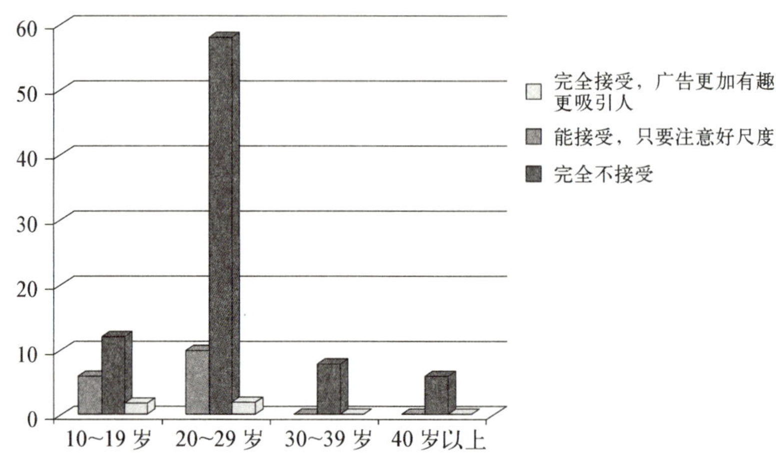

图 7.6 年龄段及对广告语中网络流行语的态度调查

2. 受众对网络流行语的认知程度扩大了广告传播价值

在笔者问卷调查中的你在什么情况下会使用网络流行语(多选题)一题中,有 73.08%的被调查者选择了网上交流时的选项,40.38%的选择了日常交流时,有 61.54%的选择了网上发表言论时,而日常写作时这个选项没有人选择,如图 7.7 所示。

总结来看,除了能从互联网上直接了解到最新网络流行语的群体外,在日常交流、网络交流中网民们对网络流行语的使用,都使网络流行语的受众范围大大扩大。尤其是在日常交流中,网络流行语的受众已经不仅仅再局限于网民,现实社会中也得到了较大的扩展(见图 7.7),同时,传统媒体也会对网络流行语进行报道,很多流行一时的网络词汇、网络语言延伸至线下。在这样一个背景下,网络流行语的广告语接受群体的范围也相应扩大。在当您在广告中看到自己经常使用的网络流行语成为广告

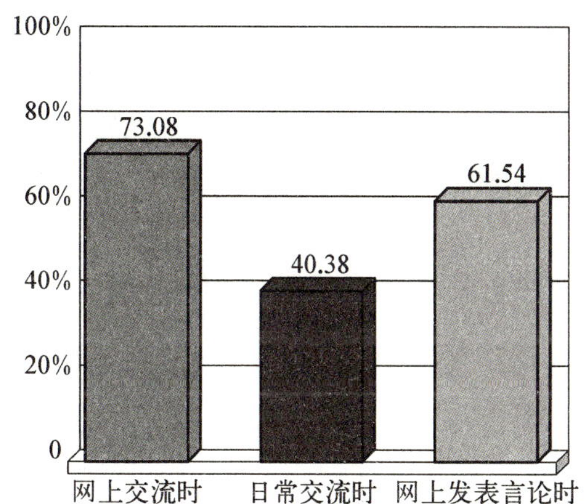

图 7.7 你在什么情况下会使用网络流行语(多选题)

语时,您的第一感觉是什么(简答题)中,多数被调查者都提到了“有吸引力”、“想尝试”和“感觉有趣”等词。从这些关键词里不难看出,受众对网络流行语的认知程度对固定广告语接受群的形成是有一定影响的。换句话说,一个网络流行语传播的越是广泛,则接受群体也就越庞大,其带来的广告传播效果也会越好。

7.3.2 网络流行语塑造了广告受众的心理习惯

一则好的广告必须要能引起消费者的注意,并且要让消费者把广告记在心中,最终达到使消费者产生购买欲望的目的。也就是说,广告受众的心理影响着广告。然而在消费者心理在影响广告的同时,消费者本身也被广告所影响。很多时候,一则好的广告能带起一股潮流,甚至创造出一种文化。网络流行语的发展虽然离不开网络的技术支持,但在其广告传播过程中更多的是受到广告受众心理因素的左右，因此，对网络流行语的使用主体和受众心理习惯的分析是非常有必要的。

1. 网络流行语的固定广告语接受群的心理特征

首先对这一群体的广告受众心理进行分析。20～29 岁的受众群体是一个以学生为主的青年群体，同时也是一个购买力非常大的消费群体，对其他年龄段的消费群体有着非常大的影响力。这个群体具有以下几个消费心理特征：

（1）追求新潮。

在现代社会，青年群体已不再满足于获得某个物质产品。在购买一件产品时，他们会更看重产品所带来的新潮感，在产品实用的基础上，他们也需要这个产品能为他们带来不同于他人的优越感和自我满足感。这也是青年群体追求新潮、突出自我的一个心理特征。

（2）崇尚品牌。

部分品牌很容易在青年群体中获得高度一致的认同，而这些品牌恰好可以在满足青年群体追求新潮心理的同时，也能感受到品牌给他们带来的虚荣感。对品牌的追崇和对名牌的向往都是青年群体在消费时具备的心理特征。

（3）冲动性消费。

青年时期的人还未彻底成熟，再加上青年时期的人内心丰富、感情细腻多变，冲动性消费很明显多于计划性消费。青年消费者很容易受外界因素或个人因素的影响，消费行为具有较大的随机性和波动性，现在喜欢的产品很可能过一两天就不喜欢了，而这恰好反映出这个群体对于消费的冲动性。

2. 网络流行语对广告受众心理习惯的影响

(1) 从众心理。

大部分人都具有从众心理。当个人受到外界人群行为的影响，会在自己的知觉、判断、认识上表现出符合于公众舆论或多数人的行为方式的心理现象。也就是说，当一个新成员加入某个群体时，会出现刚开始服从和跟随群体行为，然后逐渐模仿群体行为，最终表现为和群体一致的现象。网民就是一个大的群体，每个成员为了在其中占据一席之地而不被孤立，都会选择跟随或模仿群体中其他人的行为和用语。在从众心理的推动下，一旦产生新的被网民所接受的网络流行语时，网民便会开始跟随和模仿对其的使用，这个网络流行语就会得到广泛的传播。

(2) 求新心理。

构成当代网民群体的大部分都是年轻人，是有知识有文化的学生群体，他们思想活跃、乐于创新，渴望追求新鲜刺激的东西。网络流行语的出现，一方面，使得这一网民群体开始学会并追捧这一新兴语言；另一方面，又激发了他们渴望标新立异的心理，开始自己创造属于自己的新的表达方式。尤其是现在的90后和00后。

因为计划生育的开展，当代的家庭多是独生子女，他们性格张扬，不愿被束缚。再加上网络的普及，他们不甘愿埋没在虚拟广袤的网络世界里，他们渴望张扬、渴望得到追捧。这样的心理因素催生了越来、越多各式各样的网络语言和网络流行语，而他们也在不知不觉中受到了网络流行语对他们的影响。

（3）娱乐心理。

网络流行语具有时代性，也就是说，网络流行语在一定程度上反映了当下的时代特征。加上互联网的高互动性，草根阶层逐渐兴起，普通网民开始习惯于在网络上创造娱乐、参与娱乐、享受娱乐，这也就催生了广大网民在线交流的新符号——网络流行语。以网友总结的 2014 年十大网络流行语为例，“我只想安静地做个美男子”、“现在问题来了”、“也是醉了”等词，就是网民们通过网络流行语来表达思想、凸显个性、娱乐自我的表现。而这种娱乐的心理正可以弥补传统广告单调枯燥的被动性，让广告受众能更主动地接受这样的广告。

（4）宣泄心理。

学习、工作、日常生活的各种压力，现实世界里的身份束缚，都使得现在的人们更习惯于在网络里宣泄自己的情感。尤其是一些伴随着社会热点事件产生的网络流行语，更代表了网民对于这些事件的控诉和不满。如“女汉子”一词，就来源于 2013 年，人们对于女生外向，女生男性化现象的诠释和自嘲。可以说，像这个类型的网络流行语从某种程度上说，也是网民民意和舆情的一种表达，是人们当下的真实心理写照。

7.3.3 网络流行语形成了广告品牌文化

在分析网络流行语的固定广告语接受群的心理特征时，笔者发现了崇尚品牌这一特征，而广告语作为企业文化的核心表达和品牌的核心内涵，要求具有长期的稳定性，而网络流行语具有短暂性和时代性，普通网络流行语的存活时期非常短暂。因此，在广告中实际运用网络流行语时，要考虑网络流行语的短暂性和品牌的长久性之间的矛盾。另一方面，广告语代表的是产品和企业在消费者心目中的品牌形象，对于网络流行语的使用，将会影响品牌的最终形成和消费者对品牌的形象认知。

1. 广告语中使用网络流行语对品牌文化的影响

现在企业在做广告时多采用将网络流行语用语植入广告语的方式。

(1) 直接使用。

以娃哈哈子产品啤儿茶爽的广告语“你 out 了”为例。企业在采用这个广告语时体现了多重的含义，第一，从“out”的语义来看，是“落后、过时”意思，以强调产品的新颖；第二，“out”作为 2009 年风靡一时的网络流行语，含有“落伍”之意，以强调饮用啤儿茶爽的人是流行时髦的。不管是从哪个含义来看，啤儿茶爽的这个广告想要体现的，都是啤儿茶爽这个产品独特新颖和流行时髦的形象。而这句广告语正恰如其分的将啤儿茶爽的这一形象树立在了消费者的认知里。

(2) 变形后使用。

以京都念慈庵的润喉糖的广告语“奶奶，爷爷喊你回家吃饭”为例。这是一则电视广告，一个小孙子一开始喊叫奶奶回家吃饭时，因为声音太小，奶奶没听见还再一直扭秧歌，后来小胖子拿出润喉糖吃了一颗，声音立刻变得洪亮，他大喊道：“奶奶，爷爷喊你回家吃饭！”这时，听见喊声的奶奶才回家吃饭。很明显，这广告语受到当时热门流行语“贾君鹏，你妈妈喊你回家吃饭”的影响和改编而成。这个广告的产品是润喉糖，广告语中的一个“喊”字加上形象的表演使这个广告深入人心。

总的来看，加入了网络流行语的广告语具有了一定的独特性，也更容易被消费者记住。广告越独特，消费者对它的记忆就越深、广告获得的传播效果就越好。同时，在笔者的问卷调查中，对你在什么情况下会使用网络流行语(多选题)一题的回答，有 40.38%的被调查者选择了日常交流时这个选项(见图 7.8)。由此不难看出，在对网络流行语的不断使用中，消费者对网络流行语的熟悉程度不断深化，这些使用了网络流行语的广告则更容易被消费者所熟知。可以说，网络流行语的热度加上恰如其分的使用，广告的传播效果将大大扩大。

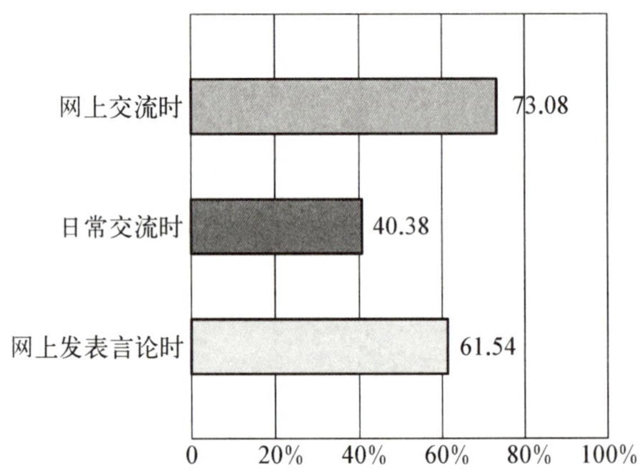

图 7.8 你在什么情况下会使用网络流行语(多选题)

2. 广告语成为网络流行语后对品牌文化的影响

由于一些广告语的大范围传播，这些广告语很可能也会成为风靡于网络的流行语，以“凡客体”为例。

“凡客体”是凡客诚品的广告语，它产生于 2010 年 7 月，这个广告系列主要是为了戏谑主流文化，对自我品牌和个性形象进行打造。据不完全统计，仅仅一个月的时间，就有 2 000 多张“凡客体”改编的图片在微博、人人网、QQ 群以及国内各大论坛上疯狂的转发。大部分是网友出于乐趣制作的。网友们的疯狂制作使“凡客体”由最初的站牌广告广泛传播到了网络当中，凡客品牌的知名度度也大大提升。同时，众多媒体对“凡客体”的争相报道也给凡客诚品带来了免费宣传，令凡客诚品的曝光率和影响力大大增强，如图 7.9 所示。

图 7.9　凡客体

和“凡客体”类似的是曾经流行一时的“陈欧体”(见图 7.10)。网友们的纷纷模仿，直接使得聚美优品的曝光率大大增加，广告的传播效果也被大大增强。唯一有区别的是，“凡客体”是平面广告，网友们多以制作图片来改编，而“陈欧体”则是单纯的改编文字。所以“凡客体”的传播范围更广、传播效果更好。

“凡客体”和“陈欧体”严格上来说都属于网络流行语体，是网络流行语的其中一个组成部分。它们具有网络流行语的一切特征。同时，凡客

图 7.10 陈欧体

诚品和聚美优品两个品牌的定位都是草根、个性、低价却不廉价的平民时尚。这个定位恰好与广大网民的身份不谋而合。在这样一个背景下，这类广告语的诞生打破了传统广告的常态，广告语的另类创意给消费者带来了不小的惊喜，也为其广告的产品创造了非凡的人气，塑造了独一无二的品牌形象。

综合以上两点来看，广告强调的是树立品牌形象，并有针对性地开拓市场。也就是说，广告受众对品牌的认同，不仅仅是对商品本身的认同，更是对商品背后的文化价值理念和形象的认同。因此，在使用网络流行语来作为广告语时，一定要对广告产品进行精准的市场定位、品牌形象定位，以达到更好的传播效果。

7.4 网络流行语的传播效应分析

网络流行语产生于虚拟的网络社会，同时也以现实社会为基础。在网络流行语传播的同时，其对现实社会也会产生影响，任何事物都是把双刃剑，有好的一面和不好的一面，网络流行语也不例外。其对现实社会的传播效应主要有正面效应、负面效应，以及中性效应。

7.4.1 正面效应

1. 有利于舆论监督

关于舆论的形成，一是来源于群众自发，二是来源于有目的引导，它们相辅相成。而基于热点事件的网络流行语往往因为一件事的产生，具有特定的含义，而被部分网民们模仿后，在网络上广泛传播开来，有的网络流行语会形成舆论。这些舆论经过网络的传播，甚至影响到现实社会，效果不断被放大。

例如“我爸是李刚”、“豆你玩”、“表哥”、“十面霾(埋)伏”等网络流行语，最开始都是网民对某一现象，比如对官二代权力的滥用、不好的社会现象、官员腐败、人们对环境污染的忽视等情况的解读和不满，只是很小的声音在反抗，而通过互联网的传播，反抗的声音被放大，使得更多网民听到了这个声音，具有同样的观点与情绪被激活，这些有着相似想法的网民也加入到讨论、转发网络流行语的行列中，使得这些网络流行语通过微博、论坛、社交网站等网络媒体得到更广泛的传播，甚至在现实社会中也传播开来，形成一股舆论浪潮，得到人们的关注，让有关部门在处理事件时产生影响，选择性地参考大众意见，从而达到舆论监督的目的。例如

"我爸是李刚"、"表哥"事件能得到较为公开、透明、有效的解决，很大程度上在于网络流行语造成的网络舆论形成了舆论浪潮，对有关部门解决事件的过程产生监督作用。

例如，"表哥"事件的起因是陕西省安监局原局长杨达才在高速路事故现场视察时，由于露出了不合时宜的"微笑"而被网民所围观，继而被搜出以往佩戴多款价值不菲的名表的事实，又因为对事件的回应言辞欠妥当，而陷入诚信危机，再因佩戴眼镜、皮带等奢侈饰物被接着曝光，催生腐败疑云，直至因涉嫌严重违纪被撤职。这便是一个舆论监督的过程。基于此事产生的网络流行语"表哥"在网络上广泛传播，大量网民们加入到讨论中，现实社会中也有很多人因为"表哥"一词知道了此事，形成了舆论监督。于是在网络与主流媒体的共同监督下，陕西省纪委作出了表态，表示将本着实事求是的态度，深入调查事件所涉及的问题，如确有违纪或腐败问题，将依照有关规定严肃处理，最后在网民们的多次监督下，对杨达才进行了撤职处理。这是基于热点事件的网络流行语产生的舆论监督的一个很好的例子。

2. 有利于道德规范

我国是个法制社会，法制可以强制规定大部分事，要求人们去遵守、去执行，可是总有一些事是法制没有规定到的，这些人或这些事没有触犯法律，却违背了社会道德，引起人们的公愤。这时候网络流行语带来的舆论的力量不可小觑，它不能强制别人，却可以在舆论的压力下规范别人、规范社会现象。

例如“范跑跑”事件，就是在2008年5月12日汶川大地震发生时，范美忠老师当时正在课堂讲课，当他意识到地震来临时，并没有组织学生逃生，而是顾着自己，第一个冲到足球场去避险。5月22日，他在天涯论坛上发表了《那一刻地动山摇——“5·12”汶川地震亲历记》的帖子，文章提到:“我是一个追求自由和公正的人，却不是先人后己勇于牺牲自我的人！在这种生死抉择的瞬间，只有为了我的女儿我才可能考虑牺牲自我，其他的人，哪怕是我的母亲，在这种情况下我也不会管的。因为成年人我抱不动，间不容发之际逃出一个是一个，如果过于危险，我跟你们一起死亡没有意义；如果没有危险，我不管你们，你们也没有危险，何况你们是十七八岁的人了！”网民们认为他的这种逃跑行为特别是这番言论，是严重违背了道德规范，顿时一石激起千层浪，广大网民们对他进行了批评和谩骂，讥讽他为“范跑跑”，一时之间人们对“范跑跑”背后的故事热度上升，并引发了一场关于师德的讨论。我们可以看到的是，这次事件中范美忠的行为并没有触犯到法律，但是却打破了社会道德底线，背离了教师职业道德操守，使大众无法接受。法律无法惩罚和制裁他，但舆论可以。通过舆论，大众对其进行批判，舆论最终使得范美忠被学校辞退，而后重新上岗又被无限期推迟，原因是“社会对范美忠存在广泛争议认识不足”。鉴于这次事件的恶劣性，“范跑跑”一词经网民创造在网络上广泛传播后，在现实社会中也传播甚远，“范跑跑”事件被更多人知晓，更多人参与到讨论与批判中来，人民的力量团结起来非常大，最后由于产生的不良影响实在过于严重，有关部门对《中小学教师职业道德规范》作出了修改，明确规定教师需要保护学生安全。这是有利于道德规范的一个很典型的例子。

3. 有利于公众情绪释放

当今社会正处于转型当中，产生的直接结果便是对社会和个体都有所影响。一方面，民众的个体意识逐渐增强，他们更希望获得和捍卫公平、公正的权利，更加追求自我与自由，有更强的分析和判断能力。另一方面，社会转型导致各方面矛盾加剧，人们精神紧绷，一些关系到富人、官员、房价、医疗、农民工等因素的话题，更容易得到网民的关注和讨论，并在互联网上火速传播开来，随即影响到现实社会，更多人参与进来，产生舆论浪潮。这便是基于热点事件的网络流行语的产生背景，它包含着人们的情绪宣泄和强烈的意见，是大众的心声。虽然它可能会导致网络暴力，但是相比现实社会中的暴力行为，它的破坏力明显小了很多，有利于公众情绪释放。

例如“至于你信不信，我反正信了”事件，2011 年 7 月 24 日晚，铁道部就“7・23”温州动车追尾事故召开新闻发布会，当被提问车体为何被掩埋，铁道部发言人回答称事故现场有池塘，车头埋在里面是为了尽快填满池塘，“至于你信不信，我反正是信了。”这不合乎情理的回答引起了人们的极大关注与愤慨，人们就王勇平的回答表示非常不满，显然是在掩盖事实，低估了广大人民群众的智商。随后，网民们在网上广泛引用这句话，来表达完全不可能的事，“反正我信了，你爱信不信”，从而产生了“高铁体”。这看似是玩笑的话，实则表达了人们对某些权力机关的某些过分行为的痛恨和声讨，人民在发出自己的声音，在表达自己想说的话。

从上述例子可以看出，通过网络这一渠道将人们的不满情绪释放出来，虽然有时候会造成网络恶搞甚至网络暴力等，但是从某些角度上来说也降低了社会犯罪的概率。随着网络流行语的广泛传播和应用，公众的情绪得到了释放，发泄过后压力减小，有利于社会的有序和稳定发展。可以这么说，基于热点事件的网络流行语担任了“社会减压阀”的作用，通过建立日常化的程序，使公众的意见、诉求及不满等能够得到经常性的表达和释放，强化了公众的知情权、表达权、参与权和监督权，从而保持一种稳定、和平的社会现状。

7.4.2 负面效应

1. 可能会出现网络暴力

网络暴力是社会暴力在网络上的延伸，是网民在网络上的暴力行为。网络暴力借助网络的虚拟空间，与现实社会中的暴力行为不同，它们使用语言文字等行为对事件当事人进行攻击。这些语言文字或行为，往往是一定规模数量的网民，因网络上的一些违背人类道德规范、触及人类道德底线的事件所引发的言论。这些语言文字等行为对事件当事人造成了人身攻击，并且甚至有人在现实社会中对事件当事人进行人肉搜索，将其真实姓名、照片、个人资料、生活细节等个人隐私公开。这些行为构成了网络暴力，它们对当事人的精神状态造成了很大的影响，破坏了当事人的工作、学习和生活现状，甚至会造成更加严重后果。

网络流行语在网络上得到快速传播的同时，部分网民缺乏对事件的调查能力，跟随着大部队走，这样容易引发网络暴力。在各种媒体暴力下，种种负面的心理和社会情绪会自然而然地聚集起来，并迟早以某种方式发泄出来。例如“五道杠少年黄艺博”事件的走红，引起了网友们的关注，如图 7.11 所示。

图 7.11　五道杠少年黄艺博

媒体报道称 12 岁的他 2 岁起就开始看《新闻联播》，7 岁起每天读《人民日报》、《参考消息》，现已发表 100 多篇文章。家长称这些习惯和兴趣是天性，并非有意培养。他爸爸表示他上网从不打游戏，只看新闻关注民生，理想是让大家过上更好的生活。随后黄艺博的父母又以黄艺博的名义开通了微博，最终招致一片骂声。网民们认为这是一场炒作，从这么小就开始造势，是黄艺博的父母想把他打造成一个“政治神童”，以图铺平从政之路，剥夺了孩子的天性。随后网民们在网络上曝光了黄艺博的个人信息等，各种恶搞黄艺博的“五道杠”队标，给很多图配上“五道杠”，瞬间就喜感了很多，充满了嘲讽气息。其实这是一种网络暴力，对于黄艺博来说，这么小的年龄就被人拿来这么恶搞，对他本身和他家人的生活都造成了很大影响，甚至可能改变他的一生。对于网民来说，网络暴力只是一时兴起，但对于事件当事人，可能会一直受其影响，改变当事人的生活轨迹。

2. 容易造成断头新闻

断头新闻是指本是社会舆论特别关注的焦点新闻，在公众集中关注一段时间后，随着时间的流逝、新热点的出现，逐渐被大众和媒体所忘却，成了没有结果的新闻。它的热是因为大众的强烈关心和欲知新闻真相，而后又因为公众热情的减退而变得没有下文。断头新闻会侵蚀公众的信任，在类似事件再度发生时，会使得公众拾起遗忘的往事，陷入习惯性怀疑，出现更严重的矛盾。

例如“切糕事件”，岳阳市公安局官方微博@岳阳公安警事发布了的一则有关“切糕”的消息称，村民凌某在购买新疆核桃仁糖果时，因语言沟通不畅造成误会，双方口角导致肢体冲突引发群体殴打事件，如图7.12所示。

@岳阳公安警事 V

#警情快报#村民凌某在购买新疆人核桃仁糖果时，因语言沟通不畅造成误会，双方口角导致肢体冲突引发群体殴打事件。事件造成二人轻伤，损坏核桃仁糖果约16万。加损坏的摩托车和受伤人员共计20万。目前@平江公安 天岳派出所将凌某刑事拘留，十六名新疆人员财物得到赔偿并被遣返回疆。

今天10:21 来自360安全浏览器　(35) | 转发(5131) | 评论(1768)

图7.12　“切糕”事件中岳阳市公安局官方的一则微博

微博称有两人轻伤，赔偿被损坏的核桃仁糖果约16万元，加上受伤人员医药费及受损车辆费用，总共赔偿约20万元。即使这条消息，引起了网民的疑问和吐槽，到底是什么东西价值16万元？虽然事后经过调查称，此前发布的微博并非真实情况，官方证实凌某应支付后段医药费1 700元，损坏核桃仁糖果5 520斤，共96 600元，被损摩托车16台，损失

6 825 元，16 名新疆籍商贩返程路费、误工费、伤者营养费等，四项总计15.2万元。可是广大网民还是认为，天价的切糕实在是贵得离谱，不少网友陈述了自己曾经买切糕被欺骗的遭遇。一时间网络上“切糕”遍地都是，网友对其进行恶搞，拥有“切糕”便是财富和权力的象征。可是尽管如此，事情闹得如此之大，最后还是不了了之。有关部门并没有对“切糕党”进行制裁或是规范其行为，没有做出有效措施。这样导致的结果是以后某些“切糕党”依旧会强买强卖，现象不会得到好转。“断头新闻”的直接结论就是无果而终，让广大公众陷入一个又一个新的热点事件的同时，心中的疑虑和不安也不断增加，久而久之，公众对社会的信任度会降低。这样对于社会的稳定是不利的。

3. 容易造成传播扭曲

信息传播的准确性受到多种因素影响，产生的“噪声”可以起源于传播的任何一个环节中，在其中这么多环节里，起源于信息源的“噪声”影响是最大的。这些“噪声”可以来自事件本身，也可以来自传播者对信息的误解或者不完全解读，甚至个人情感注入等。

“很黄很暴力”、“很傻很天真”、“我爸是李刚”、“蒜你狠”、“豆你玩”等网络流行语在网络上出现并广泛传播后，形成一次次舆论浪潮，引起民众的关注，从而推动了事件的发展。这些网络流行语的共同点是具有创造性，同时具有煽动情绪的作用，传播性比较好，导致传播效果比较理想。网民们也广泛使用这类网络流行语，例如“很×很××”、“我×是××”等来表达自己的某种情感，甚至作为日常用语使用，可以更好地引起关注，实现自己某些层面的需要。但同时，这些表述方式的改变可能会造成传播扭曲。其中原因有多种，最主要的还是传播者的个人情感注入以及断章取义。

还是依旧回顾“我爸是李刚”事件。人们最初对此事的愤怒，很大部分原因是因为李启铭仗着“我爸是李刚”开车撞人还扬长而去，人们对官二代嚣张行为非常不满，纷纷参与到讨伐中来。可是后来又陆续有报道称，当时事情并不是这样的，当时的实际情况是河北大学保卫处处长曾经和李刚及李启铭一起吃过饭，对李启铭有些印象。在肇事现场，保卫处处长问李启铭是不是李刚的儿子，李启铭回答“是，我爸是李刚”。也有报道称当时李启铭说的是“救人要紧，我爸是李刚”。到底情况是怎样，至今尚有存疑，笔者也无从考证。但是如果后续报道为真，只能说传播者希望事件得到关注这是正常的，但是以不尊重事实、人为渲染的方式来传播信息，从而扩大范围引起公愤，这样的传播是存在扭曲现象的。

7.4.3　中性效应

1. 改变人们言语交谈习惯

基于热点事件的网络流行语的产生，其语义和形式都有不同程度上的新颖独创之处，与人们日常工作生活中所使用的语言是有区别的。而这些网络流行语丰富了人们的表达方式和言语交谈习惯，人们的创作热情也因此被调动起来了，使得语言更丰富、说话更有趣味，更简洁、形象、深刻，这方面是值得肯定的。但是网络流行语的构词形式存在着不规范性，例如“被就业”、“被代表”等，在动词前加“被”却没有主语，这在语言文学中是极其不规范的。这会对人们的言语交谈习惯产生一定的负面影响，尤其是对青少年，这些言语交谈习惯还影响未定型的年轻群体，他们可能会逐渐接受这样的言语方式，甚至把这些言语方式作为日常用语、书面用语，久而久之分辨不清正确的言语方式，这样对汉语的健康发展是不利的，不利于汉语的传承。这就需要不断地对其加强引导和规范，使人们分清日常用语、书面用语和网络流行语，明确其分界线。

2. 影响社会舆论导向

社会舆论对于社会发展的作用不容小觑，社会的舆论导向关系到社会的发展。舆论导向正确，对社会十分有益；舆论导向出现偏差，则对社会构成威胁。舆论导向这个问题受到我国领导人等的高度重视，江泽民同志曾经指出，“舆论导向正确，是党和人民之福；舆论导向错误，是党和人民之祸。”由此可以看出舆论导向的重要性。

随着互联网在我国的快速发展，普通公民参与社会事件的机会逐渐增多，人们纷纷参与到讨论中来，真正把自己当作社会的主人，参与热情空前高涨，这是好的现象。很多网络流行语表达了正面情绪，例如“正能量”等，指的是一种健康乐观、积极向上的动力和情感，给人信心和希望，鼓舞人不断追求幸福生活。当遇到困难时，想到正能量、传递正能量，便能勇敢面对，这对于社会舆论是好的。但是目前网民的整体素质还有待提高，目前我国上网人群中，还是初中学历的人数占比最多，其次是高中/

中专/技校学历，这些学历构成从某种意义上来说影响了网络行为的理性程度，容易发生被激化、被诱导的现象，这些是不利的，会使舆论走向出现偏差，从而影响社会发展。例如“被就业”的出现，最初只是因为有学校要求没就业的毕业生自己随便找个章盖在协议书上证明自己就业了，这事引起了广大网友的关注，遂创造“被就业”这一网络流行语。可是后来“被××”一词多次被提及，例如“被代表”、“被自愿”等词语，用来揭示社会不公，表达个体权利不能完全实施，有的甚至夸大了社会现象，有教唆怂恿公众之疑，对社会舆论进行了错误引导，不利于社会发展。《人民日报》就这个问题发表了《理性看待当前的社会公正问题》一文，提出了“社会公正是‘人’这一主体对‘社会’这一客体的价值评判。理性看待当前我国社会公正问题，需要找准两个视角：把握住‘社会’和‘人’这两个因素，把社会公正问题凸显与社会发展状况联系起来、与人们心理期待的变化联系起来”，对社会舆论进行正面引导。

第8章
网络炒作

对于炒作一词，到目前为止在学界还没有较为统一的定义，虽然近年来我们经常听说炒作。国内学者主要从不同的角度对炒作进行了阐述，比如从网络炒作的角度来看，有的学者认为网络炒作是种负面现象；从网络炒作的发生机制来看，有的学者认为网络炒作是中性的，是对网络策划和营销的一种延伸；从网络炒作的规模来看，有的研究者认为网络炒作是种群体事件。通过对网络炒作概念的梳理，本书集合学者们最新的研究，认为它是一种新型的传播方式，无所谓好与坏，而是中性的，网络炒作的性质认定关键是看炒作推手的炒作动机是什么，炒作动机引导炒作行为的发展方向。总的来说，炒作在当今网络时代，可以说是一种不断翻新的商业技巧，其基本目的是吸引大众的注意力，从而达到最终目的，而最终目的往往是金钱与名气。

很多时候，网络炒作又可成为网络事件营销。在互联网时代，事件营销作为 ·种新的营销方式越来越受到营销人的青睐，在这个容易炒起热点事件、热点人物的时代，虽然真实的事件不那么常有，但是企业营销思维却常在，因此，营销人认为如果要保持营销的长期鲜活就需要事件的长期刺激，于是就有了炒作与自我炒作，比如《武媚娘传奇》在播放之时，从“满屏尽是白花花”到“满屏尽是大头照”的炒作；从“不老美女”到“范冰冰李晨交往"的炒作。可以说,当炒作遇上了网络,便如鱼得水、如虎添翼。在网络空间里,热点事件、热点人物层出不穷,芙蓉姐姐、天仙妹妹、凤姐、贾君鹏、犀利哥等等,从草根炒成明星,无一不是网络炒作的成绩。

8.1 网络炒作的关键

8.1.1 关键一:水军是主体

从"贾君鹏,你妈喊你回家吃饭"到"街头乞丐犀利哥的蹿红",从蒙牛"诽谤门"事件暴露到"3Q"大战,从"帮汪峰上头条"再到"爸爸去哪儿黑子事件",这些热点事件和热点人物的背后,有调查证明,都有一支操纵着网络舆论的手——网络水军,同样地,我们会发现在每一部热门电视剧或者热门电影上映之前,有关于它们的消息总是层出不穷,你也会发现有人在网络上发帖招募水军,对其进行攻击或赞美。可见,网络水军的行为其实早已经超越了"灌水"的范围,他们中还有部分水军甚至使用了诽谤、诬陷、抹黑等手段,来污蔑竞争对手、编造轰动事件、混淆公众视听等等。

那么网络水军是谁呢?网络上对于网络水军是这样描述的:这是一群主要受雇于网络公关公司的人,网络公关公司是网络水军背后的神秘人,他们隐藏在网络的背后,运用熟悉的网络运作潜规则,操作网络水军进行事件的炒作流程,并以此形成了相对成熟的灰色产业模式。因此,网络水军作为炒作事件的直接关系群体，作为炒作主体，是网络公关公司雇佣的专职或兼职网络人员，他们为委托人、企业或机构进行发帖、回帖、造势，以最终获得广大网民的关注和跟进，进而营造出一个话题事件的效果。

网络水军的双刃剑性质如下：

好的方面：当优秀的新技术、新应用、新发明出现后，可通过网络水军迅速地进行推广、宣传，可以促进新知识技术的普及。

坏的方面：一是存在竞争关系的企业间互相拆台，甚至不惜牺牲用户的利益（网络推手变成网络打手），例如，蒙牛陷害门就是典型的案例；二是有些无操守的网络水军受到国外别有用心机构的利用和资金上的支持，制造虚假民意、误导舆论走向，不断在国内各大论坛和移动社交网站上发布和张贴攻击信息、造谣或挑拨，制造网民间甚至民众与政府间的矛盾，以此进行不可告人的网络文化渗透。

8.1.2　关键二：网络是翅膀

传统媒体的工作流程相对来说较为规范和复杂，可以理解为，在炒作上有较多不便，而如果是通过网络，那么一个事件便可以更轻松更便捷地进行传播，更容易引起关注和互动，这是因为互联网的开放性更高、互动性更强，“人人都有麦克风，个个都是通讯社”时代说的就是互联网时代，互联网改变了传统媒体的传播方式，当然给炒作带来了更大的空间，它使得事件营销效果优于传统媒体造成的效果。可见，通过网络来传递新闻就如同给炒作插上一双翅膀，炒作发展到网络炒作，才是真正发挥了炒作的威力。

(1) 传播速度更快。互联网信息的传播相对于传统媒体的新闻发布方式，它省去很多的审核环节，对于时效性的提高非常明显，这显然符合炒作事件的目的，能更及时和迅速地传播开来。

(2) 传播渠道更广。互联网有多种方式让事件发声，贴吧、论坛、微博、微信等等，炒作主体只要制造足够大的有新闻价值的事件，就能吸引足够多的眼球，就能确保在短时间内快速地传播至任何一个地方，而这在传统媒体的传播上，一般是无法做到的。

(3) 事件传播互动性更强。同样地，互联网通过贴吧、论坛、微博、微信等应用，给网民提供了广泛参与、积极发表意见和互动评论的机会，例如："辣条事件"，一个在学校小吃摊热卖的零食，因为它的制作过程极其脏乱而出名，在国内互联网掀起了网民的共同参与讨论，而经过网民的挖掘，"请老外吃辣条"、"辣条走向世界"等互动话题被挖掘出来，引来更多的网民反馈，可以说是一场无法停止的狂欢，这都与互联网多维度的互动性传播性质密不可分的。

近些年来，网络炒作事件更是被广泛运用在网络造星和明星炒作方面，芙蓉姐姐就是一个活生生的例子；吴奇隆和刘诗诗恋爱曝光后，短短两天时间内，赚足了新闻版面，整个事件的策划可谓是天衣无缝；而王力宏和李云迪分别公开女友的事件更是使得事情高潮迭起，网民深陷其中，乐不思蜀……可见，网络炒作事件成功的关键在于能否在互联网上引起广泛的关注甚至是争议。

8.1.3 关键三：平衡是手段

著名的网络策划人、网络营销机构创始人兼 CEO 陈默，在总结具体的炒作技巧上，提出了一个概念：平衡。“如果是一个相对负面的人物，批判的言论多了，我们就会组织一些写手，挺一挺他，引导一下话题，同时删除一些攻击性的言论。而像二月丫头这样的人，追捧的人相对会比较多，那么我们就会找点人来骂骂她，让双方形成一种相持的局面，你来我往，才能把时间持续长、有持续的热点，不断出故事。”

可见，即便是在网络上炒作，要讲究平衡。在具体的网络炒作手段上，网络水军需要对舆论的方向进行一定的控制，避免产生极化现象，比如说，网络水军在具体的操作上，一般是通过对某个人物、公司或者机构进行两个正反方面的评论，经过正反两方面的对峙形成热点和焦点，从而吸引普通网民的关注以增加人气，使得被炒作主体获得持续的关注，最终将其炒红。当然，网络也一定要严格控制尺度，正如陈默说的：“本来还有几个写手准备靠写‘脱’来赚眼球、来炒，被我给取消了。因为影响确实不好，很多人在骂我是网上的幕后黑手、流氓什么的。”

8.1.4 关键四：互动是高潮

炒作绝不是把事件摆在平台上就完结了。实战派网络营销策划专家刘禹含认为，炒作的高潮在于互动，这是炒作的最核心所在。他拿歌手在台上唱歌打比方，如果一个歌手在舞台中央干巴巴地唱歌，掌声肯定不热烈，而如果这个歌手能够走下舞台和观众进行互动，那么效果肯定会不一样。

同样的道理，我们知道炒作首先呈现在网民面前的是一个观点，网民对于一个观点的接受程度远不及一场热闹的互动来得高，比如说，前阵子热播的国产版《神雕侠侣》，陈妍希作为女主角，就是因为有了网民的频繁互动，从调侃陈妍希的长相到把陈妍希在剧中的形象进行再次改造，很明显，网民的互动引起的话题说明大家参与兴致很高昂。不难理解，最终实现的炒作目的就越完美。

8.2 网络炒作事件的发展阶段

对网络炒作事件的发展演变阶段进行研究，将会更为清晰地给受众呈现网络炒作的本质特征。本书将网络炒作过程的各个发展阶段大致划分为四个基本阶段：爆料阶段、扩散阶段、狂欢阶段和后效阶段。并以案例的形式对每个阶段的主要特点、受众心理上的相应变化进行探索性研究。

8.2.1 爆料阶段

爆料阶段是网络炒作事件的最初阶段，主要是指通过网络受众或网络媒体自身在网络平台的爆料新闻，在互联网上引起讨论，以获得关注和转载的阶段。

根据传统的经典传播理论，媒介的议程设置功能是指媒体的一种能力，即通过重复性新闻报道来提高某议题在公众心目中的重要性。网络受众爆料的内容有多种，比如有自拍、视频制作、其他网络转载、转录自传统媒体的采访报道等等。而在炒作的时候，为了扩大爆料的影响力，网络水军会将爆料新闻的帖子在各大社交平台上进行大量的回帖、跟帖、转发，并在其中加入大量的情绪性字眼，以获得受众的关注。

以“奥巴马女郎”为例。炒作开始是始于“脱衣门”：2009 年 11 月 16 日，奥巴马访华期间，在上海科技馆举行了一次与中国青年对话的活动，而这个活动结束之后，我们在多个论坛上发现了有人爆料这样一组照片：一个红衣女子将其红色的大衣脱去，穿着黑色衬衣，端庄地坐在座位上的照片（见图 8.1）。同时，很多媒体的新闻页面也对此事进行了报道。人们通过互联网纷纷讨论，这个红衣女子是谁？为什么她在参加这次活动时的脱衣照片会满网络地飞？

8.2.2　扩散阶段

扩散阶段是网络炒作事件曝光之后，通过网络媒体和传统媒体等的竞相报道，反复转载，更广范围地让公众熟悉和了解。

在这个环节中，“意见领袖”的作用凸显无疑，“意见领袖”号召大家为了还事情的清白去探求事实真相，当然也会使用一些夸张手法如人肉搜

图 8.1 “奥巴马女郎”

索，或者夸大事实引起观众或读者的好奇心，让人忍不住到网上去探个究竟。还是上面的例子，在这个事件中，网民的评论几乎都是正面的，说这位女子清新脱俗、举止大方，当人们正在纳闷这个红衣女子是谁的时候，一些帖子出现了，号召大家去人肉搜索这位女子，而往往在炒作事件中的“意见领袖”是由水军担当的，它产生的效果就是让更多的网民参与其中，并探求结果。一场已经有着结果的搜索之战开始了。有人说，这个女子是杨澜的侄女、有人说这个女子与范冰冰是亲戚关系……各种说法都有，各种猜测更是离奇。

很明显，这个阶段最显著的特征就是，媒体和公众对这个网络炒作事件的关注度更加高了，对其的报道达到了狂轰滥炸的程度。想要探寻真相的网络受众在网上疯狂搜索这个事件的各种信息，同时又第一时间将搜索到的信息扩散出去。

8.2.3　狂欢阶段

狂欢阶段是热点人物或热点事件呈现出一定结果性的结论，受众为这些结果买单，参与新一轮的辩论与分析以及进一步扩散事件的影响。

各路得到"热点事件"消息的人们纷纷涌向网络平台，来探求真相。这个时候，网络讨论开始升级，由网络水军站好的两队，即持相反观点的两方开始纳入更多的成员。大多数不明所以的受众进入讨论后，都会根据自己的原有经验来判断事件的性质，选择与自己观点相同的一方，加入队伍并开始与自己相反观点的一方进行辩论。

继续上面的"奥巴马女郎"事件。有了网络水军的参与，人肉搜索结果只是时间的问题，相信他们已经早就拟好稿子整装待发了。红衣女子的真实身份很快被人肉出来了：姓名、学习背景、生活照、人人网信息、曾经参加过的选秀节目等等，全都暴露在网络上。人们疯狂地转发这一切，仿佛她是个人人皆知的明星。而此时，事件的女主角往往会出来发表声明，2009 年 11 月 24 日，争议主角王紫菲终于出场，面对众说纷纭的网络，以长篇 博文《奥巴马总统为我带来了什么?》为自己澄清。她还在同日开通的微博中留言说："与奥巴马总统的会面竟然引发如此热议，在感叹网络力量和网民人肉搜索强大的同时，我只想简简单单地做自己，我简单而充实，所以我精彩；我简单而充实，所以我不简单。”总之，请大家不要打扰自己安静的生活，在网络上出名不是故意的……等等。人们看到主角出来发表声明了，更加关注、更加兴奋，回帖、转贴等不亦乐乎。可以说，这完全符合狂欢的本质。

8.2.4 后效阶段

后效阶段是网络事件经过狂欢阶段之后，气氛达到了高潮，必将引起一定的社会和心理的效应，事件也可能有一定的转机。这一阶段的主要特点表现为，网络媒体与传统媒体同时反复播报热点事件的讨论，并将热点聚焦转移到与热点事件相关的内容上。

“奥巴马女郎”的过往生活学习受到了前所未有的关注，她的周边一切也受着影响。广告商找上门来了，效果出来了。而比较反转的是，经过一段时间的沉寂，事件又翻新花样，披露“奥巴马女郎”王紫菲与其报社男友密谋炒作的始末立即聚焦公众眼球。经过网络媒体和传统媒体的证实，“奥巴马女郎”事件是雇佣网络公关公司的一起炒作事件。人们再次陷入了激烈的讨论和沉思。

8.3 网络炒作的常用方式

炒作是一门艺术，一个好的炒作能够迅速让企业获得关注度。我们需要思考的是，在互联网时代，哪些好的网络炒作手段是可行且有效的呢？

8.3.1　悬念炒作法

悬念炒作顾名思义就是利用一个神秘的卖点，慢慢抖包袱，注意的是所有的资讯不要一次炒完，说一半留一半才能达到犹抱琵琶半遮面的效果。

案例：《封杀王老吉》

《封杀王老吉》事件就可以很形象地理解为悬念炒作法，起初先是加多宝集团在CCTV赈灾捐款晚会上为汶川地震捐款1亿元人民币，引起了人们的关注，就在那几天各大论坛、贴吧等一些网友纷纷议论加多宝的善举，而对于加多宝集团，当时很多网民不了解，于是表现出了对加多宝集团诸多的兴趣，经过搜索和传播，很快网民知道了加多宝集团就是生产王老吉的公司。在国内各大论坛上，有一篇名为"封杀王老吉"的帖子尤为火爆，这个帖子的题目非常引人注目，不了解实情的网民看到题目自然会表示纳闷，到底王老吉出现了什么大事，有人会呼吁封杀？于是悬念出现。

而点击帖子进去，发现具体内容是这样的："作为中国民营企业的王老吉，一下就捐款1个亿，真的太狠了！网友一致认为：不能在让王老吉的凉茶出现在超市的货架上，见一罐买一罐，坚决买空王老吉的凉茶，今年爸妈不收礼，收礼就收王老吉！支持国货，以后我就喝王老吉了，让王

图 8.2 封杀王老吉

老吉的凉茶不够卖！让他们着急去吧！”可见，这段文字真正表达的意思和标题有一定的差异，实际上是网民呼吁“要喝就喝王老吉”，以表示对加多宝集团善举的回报。这段文字首先出现在天涯论坛，获得了很高的点击率(见图 8.2)，接下来就是被各大论坛各个网友博客疯狂转载，最后此贴因为疯狂的转载、疯狂的评论、点击，因此被各大论坛设为首页推荐，但是他们当时哪里知道这些就是网络公关一手操纵的，汶川地震捐款 1 亿元，因此王老吉被大家所支持、所推荐。

炒作方式分析：

优点：

(1) 悬念的设置能够吸引消费者的持续关注；

(2) 具有新闻价值的话题获得了较高的传播率；

(3) 随着悬念的解开，消费者对产品的认识也更为全面。

注意事项：

(1) 悬念的设置要具有爆点，系统性、可挖掘性强；

(2) 明确炒作目的，准备多套预案，关注市场反应，与受众进行良好互动，及时调整策略，追求效果最大化。

8.3.2　落差炒作法

在一般人的头脑中，总会对于一些熟悉的食物有着相对固定的思维定势，而一旦这种定势被打破，有如人在太空的失重感，所以，落差炒作法要有平中见奇的功夫，善于提炼普通的素材，让媒体和大众耳目一新。

比如芙蓉姐姐、凤姐的出名，往往就是利用落差炒作法。人们对于出名都抱有一个既定的心态，那就是长得美才能出名，才能受到关注。而在网络上走红的芙蓉姐姐和凤姐此类的红人完全是反其道而行之，突破了人们的想象，造成了巨大的落差，也正是由于此等落差使得人们牢记她们。

炒作方式分析：

优点：

(1) 由于事件打破了人脑中的思维定势（正面形象），因此能够迅速吸引受众注意力；

(2) 一般新闻价值都比较高，能够吸引媒体免费报道并大量传播；

(3) 均来自普通的生活素材，与大众的距离比较近，比较容易形成共鸣；

(4) 一般成本较低，多通过地方性论坛引爆，进而在更大范围内进行传播。

注意事项：

(1) 话题一定要有足够吸引力，这类炒作在网上比较泛滥，且很多标题党，网民免疫力很强；

(2) 如果策划主题和方法使用不当,"网络水军"很可能变成"网络黑社会",出现危害社会和人民的事情。

8.3.3 第二炒作法

"第一"容易引起人的兴趣,容易吸引公众眼球,人们的记忆中通常对于"第一"是非常深刻的,比如人们知道世界第一高峰是哪一座,而世界第二高峰是什么就不知道了。然而,对于不太出名的企业来说,利用行业第一的企业来对比,以给人们形成我是行业第二的印象,也是有较为显著炒作效果的。

例如,当年蒙牛刚刚创建的时候,就利用伊利牛奶公司全国第一的知名度,大肆炒了一把。当时,蒙牛刚刚启动市场,工厂、品牌、市场均无,企业就巧妙地利用"第二炒作法",从产品的推广宣传开始就与伊利联系在一起,在冰淇淋的包装上,蒙牛打出"为民族工业争气,向伊利学习"的字样;蒙牛的第一块广告牌上也是写着"做内蒙古第二品牌";宣传册则是"千里草原腾起伊利集团、蒙牛乳业……我们为内蒙古喝彩"等等。很明显,蒙牛利用伊利的知名度,无形中把自己的品牌打出去了,让受众意识到蒙牛是第二的印象,把其他所有竞争对手都抛到后面,为自己制造了一个"一人之下,万人之上"的制高点。

炒作方式分析:优点在于容易在消费者心中形成行业龙头的印象,似乎只有第一的企业可以和自己叫板,从而提升了知名度。

注意事项:

(1) “第一”是显而易见的，要注意不要为第一做了广告，而更加削弱了自己；

(2) 对于企业来说，第二最好还应该是针对竞争者的弱点出发的。

8.3.4　明星炒作法

明星炒作法很明显是借助于明星的知名度来达到炒作的目的。正如莱温斯基与克林顿绯闻，让全世界都知道了莱温斯基。而在前一节的“奥巴马女郎”的案例分析中就是运用了明星炒作法，利用奥巴马总统的知名度和关注度，来达到炒作自己的目的。

炒作方式分析：

优点：

(1) 借助名人较高的社会关注度，事件比较容易成为社会事件；

(2) 炒作事件过程曲折迂回，结局震撼人心，这才能被称为一个好的炒作。

注意事项：

(1) 明星炒作是一种经常被商家利用的手段，很难出彩；

(2) 明星炒作还要注意侵权问题，避免出现负面报道。

8.3.5　争议炒作法

酿造争议的方法：比如“3Q 大战”，被称为是中国“互联网反垄断第一案”3Q 大战(见图 8.3)就是利用腾讯和 360 的矛盾和斗争,引起广泛的关注。

图 8.3 3Q 大战

这种炒作方式要注意的是:

(1) 产品深受顾客关注,市场占有率越大越有争议;

(2) 舆论驾驭的能力和对大众心理的精准把握;

(3) 期间不断爆出的经典桥段更是让这场大战充满趣味性。

8.3.6 借势炒作法

所谓借势,是指及时抓住当时广受关注的社会热点新闻以及人物的明星效应等,结合企业或产品在传播上欲达到的目的而展开的一系列相关活动。比如说,电视剧《精忠岳飞》前期借势炒作事件。

2013 年,电视剧《精忠岳飞》即将上映,黄晓明、林心如、罗嘉良等人领衔主演,夺人眼球,岳飞精忠报国的历史事迹,有口皆碑,流芳百世。这样的剧情更会引起人们对历史的崇敬、对祖国的热爱,7 月 4 日上映,更是选择了一个好时机,强烈突出爱国的主题,必引众粉丝围观。然而,该剧还没上映,就已争议重重,引人围观。走近一看,该剧前期的华丽造势,让人叫绝,看起来更像是一场《精忠岳飞》网络炒作。

前期造势，明星阵容华丽。各大媒体报道黄晓明主演兼导演，也是主投资方。黄晓明是青春偶像明星，近期因刚拍过《中国合伙人》，在网上炒得沸沸扬扬，饱众粉丝眼福。这回又传出让他做导演，这不得不引人再次围观。到底当不当导演咱不知道，但是效果已经达到了，而网易娱乐新闻却有这样的报道：黄晓明不学赵薇当导演、只想当一个好演员。大家都知道，赵薇的《致青春》前段时间是火得不得了，使得赵薇更具影响力，所以通过赵薇微博中对黄晓明前期宣传的一个“赞”的表情，各大媒体争相宣传“赵薇力挺老朋友”、“赵薇力挺《精忠岳飞》”，这真是一个石头子儿引起惊涛骇浪，好朋友多了，点“赞”的人也多了，为啥选赵薇、为啥赵薇的一个“赞”比别人的千言万语都强。这些根本不算什么，又传出黄晓明向林心如表白，范冰冰本来也有角色出演，但却中途“拆伙”，疑似与黄晓明发生了利益纠纷等等，感觉有些不靠谱。是真是假倒不重要，重要的是《精忠岳飞》一下子受众全知道了。

违背历史，引众网友吐槽。没想到该剧的一些内容因与历史记录相悖，各大媒体众说纷纭，比如黄晓明版岳飞剧中的一声咆哮“是契丹不让我们睡！”这一喊不要紧，众网友吐槽曰：“岳飞抗的不是契丹！”、“岳飞当年是抗金”，“这是小学生都不会犯的常识性错误”，就这样浩浩荡荡传开了。谁知道，该剧却巧妙钻这个空子，导演透露在历史上，北宋确实曾和金国联手攻辽，所以片中的说法也并没有不妥。这就是明显的不引争议死不休啊。此外，从预告中，黄晓明帅气造型接二连三，加入大量感情戏，与多个女主角发生情感纠纷，这也惹来不少争议。有网友称，“如今电视剧戏说越来越离谱,代表忠义的岳飞出现大量感情戏,简直是雷人”,我猜这可能是岳飞野史吧。这样的宣传还没完,众人皆知岳飞背后刺的是“精忠报国”四个字,在片花中却是“尽忠报国”,这么一整,网友又不干了,这是明晃晃地篡改历史啊,但据说岳飞后背上刺的到底是什么,甚至是不是岳母刺的都无从考究,可见该片导演,对这段岳飞史研究得很透彻,对该剧的上映更是预谋已久。反正历史是查不清,都知道《精忠岳飞》就行。

这样有“预谋”的一场前期宣传,其实是一场《精忠岳飞》网络炒作,炒作阵容之华丽、历史研究之透彻、媒体资源之丰富、群众基础之深厚,不火看起来很难,其中许多地方还是值得学习和反思的。

炒作方式要注意的是:

(1) 借势炒作可以是偶发事件(如社会热点),也可以是计划中的事件(如两会、奥运);

(2) 社会关注度比较高,更容易借势。

8.4 网络炒作的典型案例

8.4.1 贾君鹏事件

一个名为“贾君鹏你妈妈喊你回家吃饭”的帖子,帖子本身并无实质内容,但在短短时间内就被网民极力热捧。在被网络媒体大量报道后,继而引发网民更大的关注,一时成为网络上的一大热点,随之而来的是幕后推手频频现身，似乎是自己的得意之作。

1. 事件起源与发展

2009 年 7 月 16 日上午 10 时 59 分，百度“魔兽贴吧”里，IP 为“222.94.255.＊”的网友发了一帖，帖子标题为“贾君鹏你妈妈喊你回家吃饭”，内容只有“RT”两个字母，意思为“如题”，如图 8.4 所示。

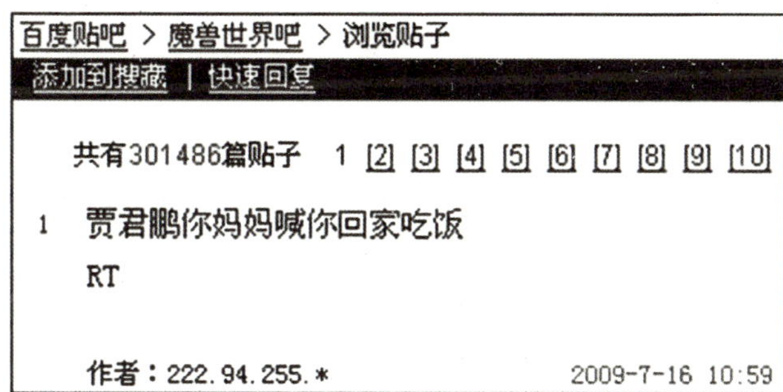

图 8.4　贾君鹏事件的原帖

对于原帖的关注和回复可以说是爆炸式的，同时许多网友把自己的网名改为“贾君鹏的妈妈”、“贾君鹏的佬爷”、“贾君鹏的二姨妈”、“贾君鹏的姑妈”……形成异常庞大的“贾君鹏家庭”。下面我们来看看原帖回复的三阶段：

第一阶段：16 日 10:59 至 17 日约 02:00，其中回帖高峰期出现在 16 日约 23:00 至 17 日约 01:30。本帖的回复从 0 到 1 万条用了 6 小时 49 分钟；从 1 万条到 2 万条用了 3 小时 05 分钟；而从 2 万条到 5 万条则只用了 3 小时 56 分钟。本轮增长随着时间进入凌晨以及原帖被删而终止。

第二阶段：17 日约 02:00 至 18 日零时，其中回帖高峰期出现在 17 日约 15:00 至 18 日零点此阶段内，本帖的回复从 10 万到 20 万用了 8 小时 58 分钟(第一个 10 万用时 22 小时 33 分钟)；从 20 万至 30 万只用了 5 小时 24 分钟。18 日零点后，本帖回复受回帖上限限制，基本只能通过手机进行，本轮增长终结。

第三阶段：18 日零点至今，回帖数量增长平缓，浏览量增速也放缓，但仍在以后的 20 几天里再翻一番，由约 760 万增长至约 1 500 万，如图 8.5 所示。

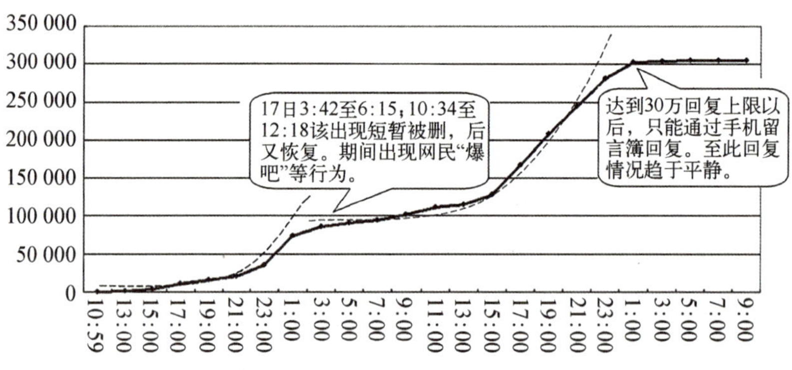

图 8.5　贾君鹏本帖回复情况

2. 事件的原委

真有“贾君鹏”其人还是有幕后推手制造了此次网络事件？

其实事情的真相是后者。现为北京一家传媒公司 CEO 的黄亮华接受四川在线——《华西都市报》采访时透露，对该事件他们进行了两个月的反复思量和流程设计，动用了四个执行席媒介，轮班监测执行情况，两小时一次电话汇报。“总计动用网络营销从业人员 800 余人，注册 ID 20 000

余，回复 10 万余。”而大量的网络任务是交给兼职的网民去完成的。在引发轰动效应后，策划团队撤出，他们的回帖只占真正网络回帖的 3%。

炒作者承认本次贾君鹏事件与游戏《魔兽世界》相关，目的是为了保持用户对《魔兽世界》的关注度才进行了这次有预谋的炒作。“我们都知道《魔兽世界》这个游戏暂停了一段时间，魔兽用户都没事儿干，所以我们需要激活魔兽贴吧的魔兽用户，制造一个事件，让他们觉得不无聊。其次希望吸引社会上不玩魔兽的人也关心它。”

3. 问题：为何一个话题可以获得如此多的关注？

一句“你妈妈喊你回家吃饭”能够在相当短时间内获得如此巨大的关注度，可以说只有在网络空间才能做到，当然作为一个炒作来说，这也是非常需要创意和功底的，正如炒作者所说说：“其实很容易，也没有文字上的难度，这个创意，多少有点像唤起童年记忆的意思。在我们这个年龄，成年以后，很少有母亲大声叫你回家吃饭。可小时候我们在草坪上玩泥巴，母亲远远地就来喊了，所以说这句话的时候，内心的感情一下就涌出来了。现在母亲叫吃饭顶多打个电话，孩子也很少有玩的时候。网络上有回归童年热的情况，我们多少借鉴了一些。”

4. 炒作启示

(1) 紧扣炒作主题。

“贾君鹏之父”黄亮华称该策划是为了帮助一款游戏保持关注度和人气，由于“魔兽世界”这个游戏暂停了一段时间，魔兽用户都没事儿干，所以需要激活贴吧的用户，制造一个事件，让他们觉得不无聊。其次希望吸引社会上不玩魔兽的人也关心它。贾君鹏事件其实就是利用网络推手，使更多的人产生好奇，吸引更多人的目光，从而达到策划者目的的网络经济事件。此次“贾君鹏事件”是一次有组织、有纪律、有预谋的网络眼球经济的集中体现，是网络推手机构幕后操弄的结果。

(2) 丰富的人物设定。

贾君鹏事件在人物设定上有三个：一个含辛茹苦的母亲，一个爱玩魔兽的儿子还有儿子的一个好友。但这三个人物都限定在一个情节中，所涉及的内容包括未成年人教育、网瘾、魔兽，立意上又体现了友情、亲情等因素。这不仅与网民们有意识或无意识的恶搞有关，也和网络游戏本身的特点有关。玩过魔兽游戏的网民都知道那种玩游戏的疯狂，废寝忘食，一句“妈妈喊你回家吃饭”其实是能引起大多数游戏玩家的会心一笑和共鸣的。网络推手的力量，更使越来越多的人，不仅网络游戏玩家，还有不玩游戏的网民们，都争先恐后地跑进“魔兽世界吧”里看这个“神奇第一帖”，这是策划者最成功之处。

同时，在炒作过程中，水军和无辜的网民共同组成了“贾君鹏家庭”，那些“贾君鹏的妈妈”、“贾君鹏的姥爷”、“贾君鹏的二姨妈”等，都并不是现实中的贾君鹏的亲戚，而在这样一个虚拟世界中，让参与者体验到空前的自由感，在网上传播中嬉笑怒骂、汪洋恣肆。

(3) 渲染炒作内容。

“贾君鹏”红火起来，其实当中也蕴含了一种“贾君鹏”文化。“你妈妈喊你回家吃饭”这句话是儿时街边玩耍时才会听到的话，这勾起了大家对童年的美好回忆。“贾君鹏事件”反映了特有的文化现象，折射出了人们的日常生活形态，网络又与现实生活息息相关。策划者只是利用了这一个生活细节，引发大家对童年的回忆，帖子才有那么大的力量吸引无数人的围观。正是帖子充满着无厘头的调侃式风格，才作为一个话语突破口，引发网友们的共鸣，借此宣泄压抑的情感。所以，我们可以看到很多评论者经常会用一句网络幽默语言来总结，在“贾君鹏事件”中，“哥回复的不是帖子，是寂寞”。

8.4.2　凤姐事件

1. 事件起源

一个自称“9 岁饱读诗书，20 岁已达顶峰”的身高只有 1.46 米、大专毕业的女子罗玉凤在现实中和网络上发布了征婚启事：本人找伴侣，一不求帅、二不求富，但求同甘苦、共患难。

第一，必须为北京大学或清华大学硕士毕业生。必须本科硕士连读，中途无跳级、不留级、不转校。在外参加工作后再回校读书者免。

第二，必须为经济学专业毕业。非经济学专业毕业则必须精通经济学。或对经济学有浓厚的兴趣。

第三，必须具备国际视野，但是无长期定居国外甚至移民的打算。

第四，身高 176～183 厘米左右。长得帅的比较好一些。

第五，无生育史。过往所有女友均无因自身而致的堕胎史。

第六，东部沿海户籍，即江浙沪三地户籍，或广东、天津、山东、北京、东北三省和内蒙古等地户籍。

罗玉凤的各种雷言囧语层出不穷，开出令人咋舌的高标准征婚条件，在网络上一“炮”而红。网友亲切的称罗玉凤为“凤姐”。

2. 炒作过程

第一阶段：进军网络各大论坛。

罗玉凤之所以在网络间红，炒作策划人使用的方法是哗众取宠。一反常态，做些有违常理、不合逻辑的事出来，或者做挑战道德伦理的事情。

罗玉凤去上海陆家嘴散发征婚广告前，炒作者就帮着写好了广告词，“必须为北京大学或清华大学硕士毕业生，必须本科硕士连读”、“身高176～183 厘米左右”、“东部沿海户籍”……这样写，最能引发争议。由于这则“新闻”包含了“征婚广告”、“北大清华”、“东部沿海户籍”等吸引眼球的词汇，吸引了不少网友的关注，虽然评论对此褒贬不一，但照片上凤姐的形象至少是硬生生进入了网友们的眼帘。

接着，进入发帖环节。首发选择了猫扑、天涯等社会影响力较广的网站。2009 年 11 月 12 日，炒作者在网站上发了一篇帖子《惊爆上海陆家嘴金融中心惊现求婚女》，并贴出了征婚广告。刚开始的时候，帖子没什么人关注。过了一两天，水军介入，以网友的身份把帖子转到其他论坛，有赞扬的、也有批评的。有时还要回帖和发一些新帖，比如 PS 一些“凤姐”的照片并印上她的一些话，以引起更大的效果。从推手主动发帖进入到网友自动转帖，是推广过程中的重要一步。这大概基本上花了他们一周的时间。

随着关注的增多，有关“凤姐”征婚的帖子登上了一些社会论坛首页，并开始出现在各大门户网站的新闻板块。

第二阶段：传统媒体大量跟进。

炒作要时时揣摩流行风尚，择时而出。发帖要做得跟定时炸弹似的，越是使大众冷不防的东西，越是有威力，易于波及广泛，效益也自然好。

现在很多传统媒体在网络上寻找新闻素材，看到“凤姐”很火，就开始联系采访。江苏卫视《人间》栏目在“凤姐”火起来后，很快就请她做了一期节目，因极具戏剧性和争议性，再次在网上掀起轩然大波。“这也是策划的”，炒作者坦言，“节目中罗玉凤的前男友、新男友和朋友都是我们找来的。”很快，这一节目引来了更大范围的跟进报道，“凤姐”逐渐成为人们日常交流的谈资，变成一个社会话题。吸引大众对此事件的讨论，引发各方面的猜想、评论。而后又找来相关人员参与，唱双簧。激发各界人士参与，引发一连串关于此事件对社会影响的争论。

第三阶段：炒出知名度。

酒香要靠广告吹，而炒作乃是一种灵活的广告。只要吹出虚名，就可以引来眼球、引来点击率、引来粉丝、引来广告商、引来随之而至的各种好东西。它是一种蜂涌蝶浪般的洪波和旋涡，它会使偶有风闻的人也不免心驰神荡、随波逐流。

总结一下凤姐事件这次炒作带来的成果。除了各大媒体也跟风造势，借凤姐在网络上爆红的话题，也开展了各种节目，以提高自己的收视率，带来经济效益之外，事件的主角凤姐在炒作中收获了自己想要的关注度。其人其事其语录就像一阵飓风，强劲地登录互联网。猫扑、天涯等论坛头版被其占领，豆瓣有了她的小组，百度有了她的贴吧，PS、段子恶搞成风……同时，她还被邀请做各种采访，多次雷言雷语获得持续关注和收益，比如"我想强调一点，奥巴马是非常符合我心目中择偶标准的"、"往前推三百年、往后推三百年，总共六百年没有人超过我"、"我经常看的都是人文社会的书！例如，《知音》、《故事会》"、"爱因斯坦发明电灯"等等，而后受到美国中文电视邀请赴美面试，在电台面试失败后提出加入中国民主党美东党部，借机申请政治避难而在其签证到期前递交美国绿卡申请……

8.4.3 "封杀王老吉"事件

1. 事件起源

2008年5月12日，汶川大地震震动了全中国人民的心。在这场特大灾难中，企业的赈灾善举成为备受关注的焦点，捐赠额度和速度成为人们评判企业是否乐于履行社会责任的重要标准。5月18日，在中央电视台《爱的奉献》大型募捐活动中，"加多宝集团捐款1亿元"，在全场响起的掌声中，这家此前一直不为公众所知的企业一夜之间步入了公众视野。

5月19日晚，天涯论坛上出现了名为《让王老吉从中国的货架上消失，封杀它！》的帖子，王老吉，你够狠！捐1个亿，胆敢是王石的200倍！为了整治这个嚣张的企业，买光超市的王老吉！上一罐买一罐！不买的就不要顶这个帖子啦!”这个热帖迅速被搜狐、网易、奇虎等国内人气最旺的论坛转载,受到网友的热捧,几天之后,类似的帖子已经充斥大大小小各类网络社区,“要捐就捐 1 个亿,要喝就喝王老吉”、“为了‘整治’这个嚣张的企业,买光超市的王老吉! 上一罐买一罐!”等等言论如病毒般迅速在网络里扩散,成为民众热议的话题。

“封杀”事件在回复、转帖中迅速走热,一时间成为各大社区论坛的热点话题。通过奇虎网论坛搜索引擎提供的数据来看,标题中出现“封杀王老吉”的主体帖子数为 3 430 条。其中,在搜狐社区,主题为“全网通缉令:封杀王老吉”转贴的阅读量达到了 608 250 次,回复量也达到了 7 943 条。论坛、贴吧成功扮演了“封杀”事件第一“元凶”的角色。紧随论坛贴吧之后,网络新闻媒体对“封杀王老吉”事件的报道也顺势跟进。从 5 月 21 日至 7 月 10 日,百度新闻标题搜索关于“封杀王老吉”的新闻报道达到 111 篇(不包括转载),其中在 5 月 27 日左右,从百度指数提供的数据来看,媒体对“封杀王老吉”的“用户关注度”达到峰值。王老吉一下子成为网民关注的焦点。

2. 炒作渠道

“封杀王老吉”的创意营销传播是一次严密的网络传播案例,多渠道的营销传播引起舆论强烈关注。

(1) 论坛推广。

在王老吉地震捐款网络推广中,网络推手不断制造引人注意的话题,如“彻底封杀王老吉”等,在国内主流论坛上输入“封杀王老吉”,可以搜索到相关网页达 741 000 篇。

(2) 贴吧推广。

百度贴吧在超女赛事之后,成为最大的中文社区。王老吉也如超女一样成为贴吧明星。在百度贴吧中搜索“王老吉”,能搜索到 16 171 篇相关的帖子,网络推手不断地大量发帖和回复,帖子都富有强烈的煽动性。

(3) 博客推广。

“要捐就捐 1 个亿,要喝就喝王老吉”在众多博客之间引起热门讨论。

(4) 媒体关注。

新闻报道“王老吉”捐出 1 亿元后,立刻成为众多网络媒体的关注热点,而在网络上的推广活动也会不断地促进网络媒体的报道并不断给传统媒体提供素材。

3. 炒作启示

(1) 成功借势。

汶川大地震之后,王老吉的捐款数额是足以引起一片赞誉的,况且是在当时“比富(比谁捐款多)”的大舆论背景下。在这之前,网络上已掀起了对于名人和企业的捐款额度的关注浪潮,网络上充斥着关于国内外企业捐款的信息传播和探讨,网民已经习惯于对各个企业和个人捐款额度进行比较,并据此修正自己对于这些企业和名人的偏好。王老吉的 1 亿元捐款,成为空前的舆论噱头。“一鸣惊人”是那场晚会赋予王老吉最大的收获(这可能比投放几个亿的广告效果都要好)。

（2）引导网络舆论。

网友是单纯的，也是容易被煽动的。王老吉捐款1个亿的"壮举"在接下来的几天里迅速成为各个论坛、博客讨论的焦点话题。但是话题是分散的，需要一个更强有力的话题让这场讨论升级。于是"封杀王老吉"这一话题使得这场讨论升级，引起网民的强烈聚焦，整个网络舆论开始大范围地集中讨论王老吉捐款事件。

（3）持续推动。

病毒之所以能够扩散，除了病毒源"优质"之外，初期的推动也很重要。任何一个创意营销传播话题要最终变成现实的营销推动力，必须使该话题得到持续的关注，并且不断扩散，所以背后网络推手对于这个帖子的初期转载和回复引导至关重要。BBS营销在这个事件中显得尤为成功。首发于天涯等大论坛，然后迅速地转载各个中小论坛，之后，就由网民互相传播相关"病毒"信息，各种讨论社区和QQ群不断出现网友对"王老吉"捐款事件的转载和评论。

8.5　网络炒作的相关思考

网络炒作是一个新兴事物，在这样一个互联网时代，给事件营销即炒作带来了无限的商机。但是，任何事物都有其发展规律和生命周期，网络炒作也是如此，如何提升网络炒作的发展空间，确保网络炒作能长远发展，我们需要从网络的劣势来分析和寻找解决之道。

8.5.1 网络炒作的劣势

第一，政府对网络炒作的管理度不足。

据有关行业记者了解，如今很多知名企业都成为网络推手的客户，并为此每年投入数十万元甚至上百万元费用。网络炒作这个行业仍存在大量灰色地带，网络“推手”随时可能变成网络“打手”。经常出现有些网络推手公司不遵守职业道德，只要给钱，什么样歪曲事实的单子都接，对竞争对手进行大量负面宣传，用诋毁、诽谤等手段打击对方。这样做甚至会控制舆论，严重者还可能左右法院的判决。当网络炒作造成不良影响时，研究调查显示，34.5%的网友认为这个责任应由“网络推手”来承担；61.9%的人认为“网络媒体”难辞其咎；69.7%的人认为“政府相关部门”也有责任。这也说明了政府缺少对网络炒作的监督和管理，没有建立一个良好的网络炒作管理体系。

第二，网络炒作的诚信度受网民质疑。

随着网络炒作在网上普遍宣传，许多网民看到一些新闻报道会产生质疑的想法。因为很多人都觉得网络炒作的虚假程度较高，没有诚信度。经调查显示：七成网友表示，对于网络炒作，网民应冷静对待，不随便相信；54%的人认为，每个公民有应有质疑精神，在舆论热潮中保持独立理性；65.1%的人呼吁媒体应该负起责任，还原真实准确的信息。

第三，企业为谋取私利扭曲网络炒作的本质。

在互联网络发展的今天，网络炒作确实给一些公司带来了财富，当然这是在恰当的传播手段操作下，而且也增强了网络受众的话语权和自由度，但其负面影响同样不可忽视，各种对网络炒作的负面报道频频见诸报端，一旦企业在网上被人恶意发布负面信息就会导致企业品牌受损，严重影响企业形象。操作不当，就会被看出是炒作，影响公司信誉。而且网络上的信息是永久存在的、永远不会消失，随时都会被人浏览观看到。更为重要的是网络是一个公共平台，每一个网民都是一个发布媒体，都有话语权，一旦企业出现负面信息没有被及时阻止就有可能无限蔓延，严重的会导致企业关门甚至倒闭。

8.5.2　对网络炒作的弊端提出合理化建议

网络炒作是一种最有效的营销推广方式，它能够给企业减轻库存压力，降低经营成本。但同时又是一把双刃剑，如果合理利用好了，就能取得好的效果。所以要在不违背法律和社会道德的前提下，用正确良好的心态进行网络炒作。针对网络炒作中存在的问题笔者提出以下几点建议：

1. 政府应以理性态度对网络炒作加以引导

一是要正确对待网络舆论。舆论引导方式不当，短期的影响，可能是公众与社会管理者矛盾的激化。即使暂时“压”住了事态，但长期的影响会更加危险。

日本福岛地震期间，我国一些地方上演了“盐荒”的闹剧。闹剧始于各网络论坛盛传核电站爆发引起严重辐射，而食盐能够抗辐射，在网络舆论的鼓吹之下，百姓纷纷大量抢购食盐，造成各大超市的食盐瞬间纷纷售罄的奇怪局面。当时政府部门也第一时间出来澄清，仍然阻止不了抢购食盐的疯狂举动。究其根本原因，主要是有关政府以往对待不和谐舆论的粗暴压制的态度，而导致其自身的公信力下降。

二是要完善网络媒体制度的立法建设。网络传媒所需要的，是报道客观事实真相，是揭露黑暗和弘扬光明，而不是以满足工作猎奇窥私为宗旨的噱头和炒作。这种低水平的恶性利益竞争方式长久进行下去的话，不仅会大大降低传媒本身的公信力和话语权，也会潜移默化地伤害整个社会的意识走向和价值观。因此政府应重视对网络媒体的制度建设和监管。

2. 媒体应该负起责任，还原真实准确的信息

网络媒体要切实担负起维护网络安全的责任，切实把规范网络传播秩序作为维护网络安全的关键环节。正是由于网络的方便及时才使一些媒体抓住了这一特点，将消息很快地发布，但很多的消息都不具有真实性，往往对人们产生了很大的误导，有时还会造成严重的后果。这就需要各个媒体担负起责任，尽量减少虚假信息的发布，更不要对虚假的信息进行大肆渲染和炒作。应多发布一些真实可靠的信息。

3. 网民应该冷静对待，不可随便轻信网上发布的信息

网络炒作也是一种追逐名利的商业行为，每个公民都应有质疑精神，

在舆论热潮中保持自己观点和看法，不能轻易相信网络上发布的那些可疑的网络炒作信息，时刻保持着清醒的判断力。及时关注政府发布的官方信息，不要被一些错误的网络炒作所误导。

对于受众来说，应该提高自身的媒介素养，以营造一个健康和积极的网络舆论环境。随着现代互联网和多媒体技术的发展，网络受众可以随时随地通过电脑、各种移动终端上网发布文字、图片和视频，网络受众的参与方式更多，参与深度程度更高。人人都有参与权，随之而来的就是网络受众对网络舆论参与的低成本、传播速度更快、参与盲目性。网络受众们以娱乐的逻辑分析事件以开玩笑的方式互动，实质是明显的群体狂欢的恶搞。

总之，网络炒作需要遵循的原则之一是我们不仅要告诉网民什么，而且要回应网民什么，一千万的发布不如一千万的点击、一千万的点击不如一千万网民的参与讨论，互动性才是做网络宣传、网络公关和网上推广的根本之道；其次，网络炒作务必要以诚为本。无论是企业还是个人，都要尊重客观事实，不能为一己之利而随意歪曲、遮掩和否认事实，或颠倒是非、欺瞒公众；最后，网络炒作要尊重他人隐私，切勿将自己的快乐建立在他人的痛苦之上，违反最起码的道德标准。总之，网络炒作只有坚持以上基本原则，才能避其害而显其利，这是长久生存和健康发展之道。

参 考 文 献

[1] 苏牧.荣誉[M].北京：人民文学出版社,2012：162－202.

[2] [美]路易斯·贾内梯.认识电影[M].北京：世界图书出版公司北京公司,2007：43－76.

[3] [乌拉圭]丹尼艾尔·阿里洪.电影语言的语法[M].北京：北京联合出版公司,2013：21－33.

[4] [法]马赛尔·马尔丹.电影语言[M].北京：中国电影出版社,2006：73－57.

[5] [美]格劳斯.拍电影[M].北京：世界图书出版公司北京公司,2007：65－102.

[6] 王晓红,赵希婧.网络视频传播特性探析[J].中国广播电视学刊,2009(05).

[7] 谢菁.微视频的现状研究[D].山东师范大学,2014.

[8] 胡思光.数字电影拍摄及制作相关问题研究[J].电影评介,2012(23).

[9] Marshall McLuhan. Understanding Media[J]. *Journal of Women's*

Health, 2005.

[10] Election Center. www. CNN. com, 2008.

[11] [英] 诺曼·费尔克拉夫. 话语与社会变迁[M]. 殷晓蓉,译. 北京:华夏出版社,2003.

[12] [美] 约翰·费斯克. 关键概念[M]. 李彬,译. 北京:新华出版社,2004.

[13] [美] 理查德·韦斯特,林恩·H·特纳. 传播理论导引:分析与应用[M]. 刘海龙,译. 北京:中国人民大学出版社,2007.

[14] [美] 阿兰·德波顿. 身份的焦虑[M]. 上海:上海译文出版社,2009.

[15] 仓理新. 流行语折射出的流行文化[M]. 北京:旅游教育出版社,2011.

[16] 南海英. 2008～2011 年流行语研究[D]. 黑龙江大学,2012.

[17] 李进林. 网络炒作事件中的受众心理分析[D]. 南京师范大学,2012.

[18] 徐君. 互联网时代中国网络流行语主要来源及特点[J]. 中国报业,2015(04):28-29.

[19] 骆昌日,何婷婷. 近十年来我国网络流行语的演变及传播研究[J]. 河南大学学报(社会科学版),2015(04):108-113.

[20] 严励,邱理. 网络流行语传播机制的逻辑分析及话语转向[J]. 当代传播,2015(01):41-43.

[21] 秦艳艳,广播电视工程中数字音频技术的优势与应用[J]. 新闻研

究导刊,2015(10).

[22] 狄柏涛,陶瑞.广播电视工程中数字音频技术的优势与应用发展[J].中国传媒科技,2013(18).

[23] 李寅.数字音频技术的兼容与发展探究[J].科技传播,2011(14).

[24] 李莉华.广播制播网络系统中的音频质量控制[J].广播与电视技术,2015(4).

[25] 华斌,张丽超,赵富强.基于加权 MFCC 的音频检索[J].计算机工程与应用,2015(08).

[26] 董文辉,邓向冬.AVS+视频压缩技术及应用[J].广播与电视技术,2012(S1).

[27] Adrian Grange. Overview of VP - NEXT[OL]. http://www.ietf.org/proceedings/85/slides/slides - 85 - videocodec - 4. pdf.

[28] 刘王飞.广播电视技术中常用的视频模式探讨[J].科技传播,2014(14).

[29] 乔玉珍.基于有线电视网络平台视频点播技术的实现[J].硅谷,2012(01).

[30] 王宇.数字媒体技术及其相关应用探讨[J].新闻传播,2014(15).

[31] 程雅倩.当代数字动画前沿技术解析[D].山东师范大学,2010.

[32] 任艺.新媒体时代的数字动画技术应用[J].中国传媒科技,2013(08).

[33] 李佳欣.浅谈新媒体时代的数字动画技术应用[J].艺术品鉴,2015(03).

[34] 黄欣.新媒体背景下的数字动画技术应用和发展[J].数字技术与应用,2014(08).

[35] 张晓蕾. 计算机动画技术的研究与工程应用[D].青岛理工大学,2014.

[36] 吴明礼,张宏安. 数据存储技术综述[J].北方工业大学学报,2015(01).

[37] Sato H, Kurasawa H, Inoue T, et al. Distributed sampling storage for statistical analysis of massive sensor data [J]. *Multidisciplinary Research and Practice for Information Systems*, 2012.

[38] 王刚.计算机网络存储技术[J].计算机系统应用,2015(01).

[39] 向正群. 几种主流数字版权保护技术浅析[J].新闻战线,2015(09).

[40] 富康年,蔡梦云. 数字化音频资料版权管理系统设计与实现[J].科技传播,2015(05).

[41] [美]科尔科.交互设计沉思录:顶尖设计专家 Jon Kolko 的经验与心得[M].方舟,译.机械工业出版社,2012.

[42] [美]库伯,[美]瑞宁,[美]克洛林. About Face 3 交互设计精髓[M].刘松涛,等,译.北京:电子工业出版社,2012.

[43] [美]道格拉斯·凯尔纳.媒体文化:介于现代与后现代之间的文化研究、认同性与政治[M].丁宁,译.北京:商务印书馆,2013.

[44] 吴联世,夏利民,罗大庸.人的交互行为识别与理解研究综述[A].

计算机应用与软件[C]. VOL. 28,No. 11,2011.

[45] 王兆其,高文,陈益强,等. 虚拟人行为交互方法研究[J]. 系统仿真学报,Vol. 13 Suppl. , 2011. 11.

[46] 吴立新. 扩增现实与人类的认识[J]. 自然辩证法研究,VOL. 20,No. 10,2004.

[47] 邹湘军,孙健,何汉武,等. 虚拟现实技术的演变发展与展望[J]. 系统仿真学报,VOL. 16,No. 9,2004.

[48] 李文霞,司占军,顾翀. 增强现实技术在博物馆中的应用研究[J]. 电脑知识与技术,VOL. 10,No. 1,2014.

[49] 王松,手机传播态势及其治理与引导[J]. 云南社会科学,2011(5):118 - 120.(CSSCI 收录)

[50] 王松,盛亚. 不确定环境下集群创新网络合作度、开放度与集群增长绩效研究[J]. 科研管理,2013(2).

[51] 朱淼良,姚远,蒋云良. 增强现实综述[J]. 中国图像图像学报,VOL. 9,No. 7,2004.

[52] 李一波,康绍鹏,乔志华,等. 增强现实研究现状及其在遥操作中的应用[J]. 系统仿真技术及其应用,VOL. 10,2012.

[53] Guidolin, M,Guseo,R. Technological change in the U. S. music industry: Within-product, cross-product and churn effects between competing blockbusters[J]. *Technological Forecasting & Social Change*, 2015(99): 35 - 46.

[54] Richard Warr, Mark M. H. Goode. Is the music industry stuck

between rock and a hard place? The role of the Internet and three possible scenarios [J]. *Journal of Retailing and Consumer Services*, 2011(18): 126 - 131.

[55] Lassi A. Liikkanen, Antti Salovaara. Music on YouTube: User engagement with traditional, user-appropriated and derivative videos[J]. *Computers in Human Behavior*, 2015(50): 108 - 124.

索　引